深圳风物志

【第二辑】

村落往事卷

程 建 · 编著

许佳兴 · 绘

海天出版社

中国 · 深圳

图书在版编目（CIP）数据

深圳风物志. 第二辑. 村落往事卷 / 程建编著；许佳兴绘. — 深圳：
海天出版社, 2020.1（2020.12 重印）
ISBN 978-7-5507-2812-7

Ⅰ. ①深… Ⅱ. ①程… ②许… Ⅲ. ①深圳 – 地方志
②村落 – 概况 – 深圳Ⅳ. ① K296.53

中国版本图书馆 CIP 数据核字 (2020) 第 003633 号

深圳风物志·第二辑·村落往事卷
SHENZHEN FENGWU ZHI · DI-ER JI · CUNLUO WANGSHI JUAN

出 品 人　聂雄前
责任编辑　侯天伦
责任技编　陈洁霞
装帧设计　越众文化传播
封面题字　曹子器

出版发行　海天出版社
地　　址　深圳市彩田南路海天综合大厦 7-8 层（518033）
网　　址　www.htph.com.cn
订购电话　0755-83460239（邮购、团购）
印　　刷　深圳市新联美术印刷有限公司
开　　本　787mm×1092mm 1/16
印　　张　15.75
字　　数　160 千字
版　　次　2020 年 1 月第 1 版
印　　次　2020 年 12 月第 2 次
定　　价　68.00 元

作者简介

作者 程建

程建（1962—　），四川崇州人。深圳地名研究者。1979 年毕业于崇州市崇庆中学，后考入中山大学历史系学习，1981 年转入中山大学人类学系考古专业。1983 年毕业后，先后在江苏省镇江博物馆、镇江革命历史博物馆、镇江市文管办工作。现居深圳。现任深圳市宝安区文艺家协会副主席、深圳市古迹保护协会理事、宝安区传统文化协会副会长、沙井蚝民俗文化研究会副会长。主要著作有《京口文化》《沙井记忆》《激荡三十年——我们的宝安》《阅读宝安》《千年传奇沙井蚝》《深圳古诗拾遗》等，参与编撰了《沙井镇志》《沙井街道志》《新桥街道志》《深圳文物志》《宝安文物志》《宝安区志》。

手绘师简介

手绘师 许佳兴

深圳自由插画师，广东省青年艺术家。现为跨媒体创作人，动漫 IP 主理人，深圳向阳 ART 工作室创始人之一。多年从事漫画、插画、纯艺术培训、视觉艺术及平面设计工作。作品多次获奖并入选多本著名设计和插画年鉴，以及参与多个大型展览；作品《蓝气球》《月光男孩》《气球男孩》等被多家网站收录出版；获 2015—2016 全国艺术插画双年展出版物奖。还担任深圳市插画协会（SIA）会员，广东省动漫艺术家协会（GDCA）会员，广州市动漫艺术家协会（GZCA）会员。

乡土文化的博物馆

　　深圳是在原宝安县的区域里发展起来的。宝安县是历史悠久的古县，位于珠江出海口的东岸，是岭南文化分布的重要区域之一，所保存下来的古村落在岭南珠江三角洲地区的历史文化中占有重要地位。宝安古代居民清初以前主要是本地广府人，清初复界之后新增加了客家人。因此，深圳古村落主要体现出广府民系和客家民系的文化特征，还有一些古村落反映了这两种民系文化的相互借鉴和融合。由于宝安所处的特殊地理位置，历史上清代初期朝廷的海禁政策几乎毁坏了所有清代以前的古村落，现在能看到的村落大都是清代撤销海禁以后重建起来的。目前所看到的古村落的建造年代集中为清代中晚期。

　　广府古村落主要分布在宝安区、南山区、福田区、罗湖区、龙华区，一般规模较大、分布集中、人口众多、祠堂众多且规模大、姓氏单一，立村较早。选址强调因地制宜，实用化。客家古村落民居主要分布在龙岗区、坪山区、大鹏新区、光明区观澜街道、宝安区石岩街道西部，其中以龙岗、坪山、坑梓三个街道最为密集。客家民居规模大小不等，一般规模较小、分布零散、人口较少、祠堂较少且规模小、姓氏繁多，立村较晚。

　　沿海地带，一般选址在冲积的沙丘之上，所以形成了如沙井、沙田、沙头、沙尾等村落；近海靠河地带，指靠近沿海但不临海的村落，一般选址在近河的高台地段，如塘下涌、塘头、塘尾、合水口等村落；靠山近河地带，一般选址在围绕山岗临近河谷地段。因为临海临河的高台地段都被本地广府人占据，所以客家人只能选址在围绕山岗、临近小河的地段建村。

深圳古村落的平面布局有围村式、排屋村式和围村排屋村混合式。

围村一般只有一个围门，四周有高高的围墙，四角还有角楼，围墙之外大都有壕沟，它的来源是从北方古代的"城"缩小规模发展而来。广府民系围村的围门一般开在围村的正前面，以围门及正对围门内的中间巷道为中轴线两侧对称，中间巷道的尽头是祠堂或庙宇，禾坪设在围村大门的外面。客家围村的围门大多不开在中轴线上，而是偏在一边。围村里面的建筑房屋呈中轴线对称，处在中轴线上最前排的是祠堂，民居房屋建在祠堂两侧排开，禾坪设在围屋村的里面，大门内侧。客家围村的围墙一般高于广府围村的围墙。

排屋村一般依山而建，布局整齐，前面有风水鱼塘，房屋与鱼塘之间有一片空旷的禾坪，四周有树木。广府式排屋村一般称为梳式建筑，建筑布局有严格的规划，非常规整，祠堂都建在最前排，一栋房屋大多为三开间，房屋门开在两侧或正前面。而客家式排屋村祠堂一般建在中间，村两侧建有炮楼，大多建在山坡之上，顺着山势高低落差大，村落规划不严格，布局不怎么规整。这些古村落以"间"为基本单位，形成单体，再由单体围合组织成建筑群体。由群体建筑组合成一个村落，群体的组织反映了社会层次的高低，也反映出贫富的等级性。

房屋的结构形式有纵向式屋和大齐头屋。广府民系的住房多为纵向式，入大门为厨房，接着是天井，越过天井是正厅，厅后是卧室，卧室上有楼廊，称为纵向式"二进"。富裕人家，再加一天井，天井前建一厅一房，称为"三进"。建筑材料多以黄泥、沙、石灰三合土砌墙，屋顶以杉木为梁、桁、桷。在天井、明瓦和墙上开一小窗采光，卧室光线较暗。客家民系的住房多为大齐头式，进门为厅，两边为厢房，用作卧室及厨房，以靠墙开一小窗和明瓦采光，光线不足，建筑材料与本地人所用建材相同。

清代以前的古村落房屋建筑技术普遍落后，简单来说，墙体为就地取材的泥土夯筑和使用土坯建筑，少量使用的青砖烧制不熟，呈现红褐色，规格也不统一，屋内外很少建筑装饰；清代以后建筑技术、建筑材料有了很大发展。墙体普遍使用青砖，不仅祠堂、书室砖面磨光，并且有些民居砖面也磨光，房屋内外普遍使用装饰艺术。近代更是使用了中外结合的建筑技术，反映了建筑技术的创新和发展。

这些古朴自然的古村落是深圳现存最原始的原生态，是宝贵的历史文化资源。它们集中反映了岭南地区广府、客家民居的历史风貌、建筑风格，具有鲜明的地区与民系特色。从科学文化价值来讲，它们集历史研究、建筑科学技术、雕塑艺术、绘画艺术以及哲学、伦理、风水、民俗于一体。保护这些古村落就是保护历史信息的真实遗存，是保护一段看得见、摸得着的本地原居民自己的历史。这一不可再生的历史文化资源对于像深圳这样的现代化城市来讲更显得弥足珍贵。

改革开放之前，深圳传统的古村落有一百多座，但经过几十年的改革开放，经济建设的快速发展和城市化进程的加快，发生了沧海桑田般的巨变，许多具有历史文化特色和民族传统特色的古村落，其基本格局发生了巨大改变，许多街区和古老建筑被拆除、改造。

一处古村落，既是一座乡村建筑的宝库，也是一座乡土文化的博物馆。

第七章　大鹏新区

第八章　坪山区

宝安区

新桥村

　　新桥村位于深圳市宝安区新桥街道新桥社区，距街道办事处约 1 千米。清朝康熙年间，村西建永兴桥，后于乾隆年间永兴桥重建，故取名新桥村。村域有大头岗、长流陂水库，村西有茅洲河经过。相邻自然村西有新二村，南有上星村。

　　新桥古代临海，村前的海湾叫东湾。唐代以前，这里就有先民居住。明代初年，归德盐场曾在这里设盐社。据《新桥曾氏宗谱》记载，南宋建炎三年（1129），金兵分两路南下，所到之处，疯狂烧杀掳掠，居民纷纷逃避。金兵的铁蹄直踏到吉州（今江西吉安）和潭州（今湖南长沙），大批的难民翻过大庾岭。金兵要打过来的消息在早已安居乐业的南雄珠玑巷的村头村尾不安地传递着。每天都有人家扶老挈幼起程南行，想尽快离开，摆脱战火烧身的厄运。在这逃难的人群里，有一对兄弟曾仕行和曾仕贵，是曾骥五世孙。他们先到羊城，因没有找到一块容身之地，决定分头行动。分手时，他们将一块猪腰石砸开，各人拿一半，作为后人相认的凭证。这半块石头伴随着两兄弟颠沛流离，像有些人喜欢把玩手中的玉一样，石头越来越圆润、光滑，竟日久生辉。这半块能发光的石头一直温暖着他们归宗认祖的心，照耀着他们前行的路。后曾仕行卜居番禺小龙乡（今广州市番禺区石基镇小龙村），曾仕贵始居东莞县前（老城区），再徙南栅（今东莞市虎门镇南栅村），最后落籍归德场（今新桥、沙井、福海街道一带），被奉为新桥始祖。曾仕贵往下传到第十一代，是广东都司椽吏曾谦，娶翟氏，生了五个儿子：长子曾熙祖，迁往惠州的坭桥；次子曾熙宗，居住在新桥大庙坊（今沙井街道新桥社区）；三子曾熙积，居住在龙头村（今沙井街道上星社区）；四子曾熙德，居住在上寮坊（今沙井街道上寮社区），为上寮村的始祖；五子曾熙有，去向不明。

新桥村坐西南朝东北，建筑布局为梳式排屋。民居建筑结构基本为砖木结构，多为纵向式，入门为厨房，接着是天井，过了天井是正厅，厅后是卧室，卧室有楼廊。有钱人家，再加一个天井，天井前建一厅一房。前者称纵向式"二进"，后者称"三进"。建筑材料多以三合土（黄泥、沙、石灰）砌墙，房顶以杉木为梁、桁、桷。在天井、明瓦和墙上开一小窗采光，卧室光线很暗。20世纪80年代以后，传统的房舍结构被淘汰，农村的房屋全都盖成三层以上，甚至有五六层的，样式别致，绚丽多姿，空气流通，采光良好，一般还有个小花园，当地人叫包园。

新桥村现存的古建筑群以曾氏宗祠为核心。在该村的塘面北二巷，有一间民居是曾氏宗祠，应该是新桥曾氏家族的老祠堂。往西去是地塘头、大庙、桥头，沿途还有贯传公家祠、延光公家祠、益孙曾公祠等。

　　清代嘉庆三年（1798），新桥村在华城曾公祠到观音天后古庙之间的空地上，重新规划，建起了曾氏大宗祠、古乔曾公祠、藩北曾公祠、维鲁公家祠，在观音天后古庙的东侧还建起桐轩书室、翠松曾公祠等祠堂。祠堂、庙宇和书室，如此集中在一地，极为少见，俨然是古建筑的博物馆。

　　曾氏大宗祠坐西南朝东北，占地面积 1050 平方米，五开间、三进深，面阔 21 米，通深 50 米，由门楼、牌楼、中堂、后堂等组成。门楼与中堂之间为天井，天井中央建石牌楼一座。中堂前天井左右各建重檐歇山亭一座，后厅五间，进深三间。石牌楼用雕琢细腻的花岗岩砌筑。立柱前后用抱鼓石相护，横额书写楷书"大学家风"四个大字。左刻"大清嘉庆三年戊午初冬之吉立"，右刻"堂下孙腾光拜题，应中敬书"小楷。两侧浮雕着袍服长须风度翩翩的人物和云鹤图案。次间左右檐额分别阳刻"体忠""行恕"。背面横匾"片石流辉""堂下孙煜拜题""堂下孙应中敬书""型仁""讲让"等字样。祠内墙壁均有人物故事彩画，大门悬挂"曾氏大宗祠"的匾额，"天下斯文宗一贯，古今乔木第三家"对联一副。宗祠集石雕、木刻、壁画、灰塑、砖雕、瓷艺于一体。四周尚有分祠多间和观音天后古庙、桐轩书室、风水池等。曾氏大宗祠是深圳市现今最大的一座宗祠建筑，对研究深圳绘画艺术史、建筑装饰史、曾氏源流史、广府文化等具有重要的价值。1984 年，被列为深圳市重点文物保护单位。2007 年，被列为广东省文物保护单位。

　　曾氏大宗祠右边为古乔曾公祠，又叫长房厅，三开间、三进深、两天井，为纪念曾古乔而建。曾守仁，字孔泽，号古乔，曾应华长子，为新桥曾氏七房之首。堂名明新堂。2010 年，明新堂重修。原祠堂无门联，由香港诗人曾剑之补撰："古贤明德传金韵；乔木新民振玉魂。"《大学》开宗明义曰："大学之道，在明明德，在亲民，在止于至善。"孟子以"金声玉振"评价至圣孔子。明新堂传承儒家精神，发扬光大。对联对仗工整，双嵌无痕。

在古乔曾公祠的后面是采楼公家塾，三开间、两进深。在古乔曾公祠的右面是维鲁公家祠，三开间、三进深、两天井。维鲁公家祠东边不远处，是观音天后古庙。

桐轩书室，三开间、三进深、两天井，为新桥十五世祖古乔公裔孙桐轩公所建。

藩北曾公祠，三开间、三进深、两天井。

翠松曾公祠，又叫七房厅，三开间、三进深、两天井，为纪念翠松公而建。

在曾氏大宗祠广场的左侧是华城曾公祠，三开间、两进深。华城公，讳绍兴，古乔公次子。

永兴桥位于新桥村西边村口，这里被人们称为桥头。古时候的新桥村，南边是新桥河，北边是茅洲河，村民出行多用船，架桥铺路就成了祖祖辈辈的奢望。清代康熙年间，康熙皇帝有一年到辟雍观礼，照例恩赐圣人的后裔入监上学，作为宗圣公曾子的血脉，曾桥川十分幸运地成了监生。后来他是否出了监，做过多少品的官，没有找到可考据的材料。想必他得到如此的荣耀后，回馈家乡的好事就是在村头建一座桥，方便乡亲们出行。因为归德盐场盐课司衙门有南宋的龙津桥，人们就称这座桥为新桥。新桥村从此名扬四方。也不知道他建的桥是石头的还是木头的，后来竟然坍塌了。到了乾隆五十年（1785），新桥村有好几个青年考取了功名，如武生曾大雄、钦赐翰林曾联魁、贡生曾腾光和曾应中等，他们商量要为家乡做好事，想到村口那座坍塌已久的桥，于是决定重建。想必永兴桥的名字也是这次修建时取的吧。

永兴桥是一座典型的石拱桥，桥长足足有五十米，三孔桥洞，有五米的高度，想来是能过装满茅草的木船。桥身全用花岗岩的条石砌成，朴实大方，只在桥头的望柱上雕刻了小石狮。如果细心观察的话，还会发现在桥面正中间的栏板上刻有二龙戏珠和双凤朝阳的浅浮雕图案。1984年，永兴桥被公布为深圳市重点文物保护单位。

桥下的水面原来并不是如此的平静，奔流入海的波浪穿桥而过。这条河古代就叫新桥河，清代嘉庆年间编纂的《新安县志》就有记载："新桥河，在村之西，由凤凰山逶迤而下，环绕村前，势如长带，直注永兴桥。会茅洲、碧头河，直出合澜，每日有两潮消长。"新桥河流出永兴桥，就

曾氏大宗祠是深圳市现今最大的一座宗祠建筑，对研究深圳绘画艺术史、建筑装饰史、曾氏源流史、广府文化等具有重要的价值。

与茅洲河、碧头河汇合，流入合澜海。合澜海上通西江、北江和东江汇成的狮子洋，南与伶仃洋相连，直通到浩瀚的南海。

这里地处交通要冲，东接黄松岗、乌石岩诸路，西连云林、茅洲诸墟，往来行人如织，船只如梭，桥头设有码头供船只停靠。桥东原有一个墟市，因是新桥村曾氏家族创建，叫新桥墟。石桥往新桥村的通道两边陆续修建起两层的店铺，形成繁华的街市，又叫清平街。

这里往南是万家蒗墟、凤凰街，往西是云林墟、沙井墟，往北是黄松岗义和墟，这些墟市共同构成宝安西部经济贸易的网络。由于地处河海交汇之地，新桥墟成为古时松岗、石岩、沙井等地的物资集散地。抗日战争爆发后，日军占领新桥，清平街开始衰落，现在桥头村仍保存有一间旧日当铺。

桥东原有一座五层高的砖塔，名为文塔，与永兴桥交相辉映，颇为壮观。据清嘉庆年间编纂的《新安县志》记载："插汉阁，在新桥村侧，乾隆壬午年（1762）建。"看来文塔原叫插汉阁，建造的时间比永兴桥早23年。该塔供奉魁星，魁星也称文曲星，掌握文人骚客功名命运，文曲星手执一笔，谁被此笔点中，便可高中进士、举人等科举功名。所以，文塔的建筑外观酷似一支笔尖向上的笔。在旧时代，一个人要成就功名伟业，有两种较为理想的途径，即"文人走笔安天下，武士上马定乾坤"。因此，佑助"文人走笔"的文塔也极似"功名塔"，是荣誉和梦想的象征，是书香门第和深阁雅斋执卷拈笔之人的福贵塔。可惜该塔在20世纪60年代因取砖建糖厂而被拆毁。

新二村

新二村位于深圳市宝安区新桥街道新二社区，距街道办事处约1.2千米。相邻自然村东有新桥村，南有上星村。

新二村原名墺边，世居村民主要姓曾。据《新桥曾氏族谱》记载，曾应华（1487—1560）生了七个儿子：长子曾守仁（孔泽）、次子曾守义（孔芳）、三子曾守礼（孔谦）、四子曾守智（明可）、五子曾守恭（逊可）、六子曾守敬（寅可）、七子曾守权（孔宜）。曾守礼（孔谦）、曾守权（孔宜）分到墺边（今新二村），为三房、七房的始祖。

新二古村落占地面积约1.7万平方米，内有旧屋近300座，其中清代以前始建的有90多座，民国期间所建的有70多座，中华人民共和国成立后至20世纪70年代改建的有近百座。建筑风格上分为两种：一种是20世纪50年代以前所建的，均为南方广府建筑，二进深、三开间、一天井，砖木石结构为主，大部分为清水砖墙。船形正脊，博古架，山墙顶部有灰雕，正墙上端有花草人物壁画。另一种为20世纪六七十年代所建的，多为二进深、二开间，前间顶部设阳台。

新二古村落的大部分古建筑为典型的广府建筑风格，墙体及结构大量使用了灰雕、木雕艺术和壁画艺术，俨然一座雕刻艺术群落，体现了中国传统古建筑艺术的精华。经过维修和开发，这里将会成为深圳不可多得的古村落观光景区，踏入古村中，将能尽情地领略和感受到中国古建筑艺术的博大精深，认知中国古代历史文化艺术的深厚底蕴。

新二古建筑群被宝安区文物管理委员会定为"宝安区第四批不可移动文物点"，建于清中晚期，主要包括东凡公祖祠、北帝宫、和廷公祠、怀翠曾公祠、谦宜二祖祠、怀桥公家塾、植嘉书室、荫德别墅、上星碉楼、上星观音庙、康杨二圣庙，以及一批民居建筑等。

谦宜二祖祠建于清光绪己亥年（1899），占地面积1150平方米，为宝安区第四批不可移动文物点。宗祠用抬梁木构架，雕梁画栋，为三开间、三进深、两天井。大门楹联"堭篪协韵，棣萼联芳"，中厅匾额"式好堂"，均书于清朝。相传，曾应华生了七个儿子，老三曾守礼（孔谦）和老七曾守权（孔宜）关系要好，两兄弟分住在不同的地方，但经常走动。有天晚上两人聚会，天太晚，怕一人走路不安全，便相互护送对方回家，来来回回，一直到天亮。后人为了纪念两兄弟的情谊在墅边老村建"式好堂"。

植嘉书室，始建于清朝。

康杨二圣庙始建于清朝，重建于1847年，占地约180平方米，供奉康杨二圣王。坐东朝西，三开间、两进深，用花岗岩作墙基，清水砖墙，硬山式两面坡。"文化大革命"时期遭到破坏，现已废弃。

上寮村

上寮村位于深圳市宝安区新桥街道上寮社区，距街道办事处约2.2千米。相邻自然村北有上星村，西有万丰村，东南有黄埔村和南洞村。上寮河从村南流过。

上寮古村是一处以血缘关系为纽带，以曾姓人口聚居为主的乡土聚落。维鲁公原居东莞南栅，出任明初南京卫指挥使，任满解甲归田，迁来新桥下西（今新二村）时曾发誓，今后其本人及后人有敢侵占益孙叔公及叔公后人之利益者皆不得善终。其孙熙德公因维鲁后人众多，土地已不够开垦，加之先辈有誓在先，不得侵占益孙公后人利益，因此决定搬离新桥下西，选择上寮另外开基创业。抗日战争期间，上寮村村民曾柏蓝、曾兴三参加东江纵队，为民族的解放事业流血牺牲。改革开放时期，曾创田担任沙井镇委副书记、镇长，为当地的经济社会发展呕心沥血，死而后已。

上寮古村落始建于明朝中期。据族谱记载，新桥曾氏始祖仕贵公第十二代孙曾寿仁，属新桥老四房，初居新桥下西村，因兄弟多发展空间不够，迁到此地。后来，曾熙德携子孙到此地居住，先建"善

庆围"后立村。为了使自己辛辛苦苦种出来的庄稼不被外人偷窃，遂在田头搭了寮棚派人日夜轮流看守，因此称为上寮村。

古村建筑为广府排屋，整体呈四方形，诸祠一线排列，面临湖水，作为月池；东方来水，绕村右行，出西北，取所谓"水流西北清富贵"；坐癸为水，规划以水为局，喝形"青蟹"，特于东南、西南各掘一井，为蟹眼，灵动之至；又因平洋水口散漫，建永丰桥约束，罕见的是桥底也用石板铺砌，形成关锁，又于桥头附近立社关镇压，可见当年将水的文章做到了极致。肖峰公家塾在古村的西南，古井旁边，不惜离开古村轴向自成一局，门外用围墙转纳生气。从曾氏家族对私立学校的这些特别安排中，可以读出他们对发展、对

◀

上寮舞狮形成于清朝末期，最初是由洪家拳和莫家拳传授。一队一般四五十人，一对狮子。

教育、对人才的良苦用心。正是这种用心，让古村在五百年中保持繁荣。

上寮古村包括善庆围、上垒岗、下垒岗、七岭、大巷、庙头和铺头尖等七大民居聚落群。26条巷，现存有3座祠堂、1座家塾、1座古庙、47处古民居，数量众多，类型齐全，基本继承了清代岭南广府的建筑风格。上寮村传统民居为广府民居，建筑结构基本为砖木结构，多为纵向式，入门为厨房，接着是天井，过了天井是正厅，厅后是卧室，卧室有楼廊。有钱人家，再加一个天井，天井前建一厅一房。前者称纵向式"二进"，后者称"三进"。建筑材料多以三合土（黄泥、沙、石灰）砌墙，房顶以杉木为梁、桁、桷。在天井、明瓦和墙上开一小窗采光，卧室光线很暗。

熙德祖祠，为三开间、两进深，占地面积200平方米，为砖石木结构，清水砖墙，石墙裙、墙角，船形屋脊，两面坡，灰白覆顶式。"熙德祖祠"的始建时间现在已无从查考，祠堂大门上方"熙德祖祠"四个字的落款时间是清咸丰元年（1851）。门口楹联上联"麒峰献瑞"，下联"象岭钟奇"，横批"万派朝宗"。

廷用曾公祠，始建年代不详，清光绪八年（1882）重修，1998年列入危房拆除。2000年，村里出资60多万元按原样重建。1945年曾在这里办小学。占地面积200平方米，三开间、三进深，是宝安区第四批不可移动文物点。

肖峰公家塾，三开间、两进深、一天井，建于清朝光绪年间。

杨侯宫，坐西北，朝东南，建于光绪年间，三开间、两进深、一天井布局，清水砖外墙，硬山顶，两面坡。庙内供奉杨六郎神位。大门两侧刻有一副楹联,上联是"跣足科头默遣神兵扶宋主",下联是"披肝露胆宏道妙施助王师",横联是"威灵显赫"。1985年重修。每年初一、初二、初三,村民都会去拜祭。杨侯宫同样代表儒家文化,表达了上寮古村人民对凝聚在杨六郎身上的忠、义、信、智、勇的崇拜。

村内另有一口古井,建于中华人民共和国成立初期,于2011年重修,现在仍在使用。

上寮河发源于沙井屋山水库和七沥水库之间,自村南至村西流经本村,据说村西北原有一座石桥,叫永丰桥,被埋在地下,地面尚有桥栏可见。

上寮村原村民主要为汉族,属广府民系,多使用粤方言。特色传统食品有炒米饼、煎堆、芝麻花生糖。正月十五,用爆米花加红糖做成禾花团,又叫香丸,亲友互相赠送,结缘化怨;正月十九,打薄饼;清明时,用花生、绿豆、米糕、艾叶做成茶粿、松糕;七月十四,做糖糕;过年时,制烧鹅。

上寮舞狮形成于清朝末期,最初是由洪家拳和莫家拳传授。一队一般四五十人,一对狮子。曾伯洪是舞狮师傅,现已70岁。舞狮活动一般在春节期间举行。每年九月九日重阳节,上寮村周边曾氏几千人在新桥村主事会的带领下,去福永工业区等地舞醒狮、舞麒麟。2000年,上寮村舞狮队曾参加全国舞狮比赛。

步涌村

　　步涌村位于深圳市宝安区沙井街道步涌社区，距街道办事处约2.3千米。相邻自然村西有共和村，南有沙四村和蚝四村，东有新桥村，东北有后亭村，北有大田村。

　　步涌地处古茅洲河的入海口，因为停泊船只的码头而得名。明代初年，归德盐场曾在此设大步涌社。宋元时期，属归德盐场十三社之一，居民以盐业为生。清康熙年间后期，盐田荒废，转以种田为主，养蚝打鱼为辅。民国时期，隶属新安县沙井乡。中华人民共和国成立后，属沙井乡；土改时，属涌边小乡；1957年，属沙井乡；1958年，成立步涌大队；1984年初，后亭、共和两个大队合并为步涌乡；1987年，独立成村，隶属宝安县沙井镇；2004年，村改社区，属宝安区沙井街道至今。2008年，被广东省民政厅评为"六好平安和谐社区"。

　　据族谱记载，步涌江氏三世祖江纳流（1373—1447），字遇贞，号百川，原籍江西临江府新淦县。建文二年（1400），职授盐使司。致仕后，购置土地七顷有余，也就是七百多亩田塘，建起数十间房屋，开

江氏大宗祠位于步涌村前，始建于明朝，1995年重修，占地面积500平方米，三开间、三进深、两天井，砖木石结构，清水砖内墙，镬耳山墙、灰塑壁画，雕梁画栋，特别的是左右后面的墙体均用蚝壳混合蚝壳灰砌成，厚约五六十厘米，外墙裸露的蚝壳整齐划一，蔚为奇观。

基立村。步涌江氏以汉代江次翁为始祖，应该是济阳江氏的一支。

步涌村村民为汉族，广府民系，使用粤方言。原村民传统经营方式以打鱼、种植水稻为生，后随着深圳城镇化的快速推进，房屋出租和村集体经济分红成为村民收入来源之一。特色传统食品有炒米饼（春节食品）和炸角（米粉包花生、芝麻、糖，用油炸）。

步涌是典型的清代古村落。从总体上来看，步涌村坐西北，朝向东南，江氏大宗祠是整个村落的中心，大门近对着圆珠岗，这是步涌江氏的祖茔，远对凤凰山，而圆珠岗和参里山可以看成是步涌村落的朝案山。步涌村的背后是汹涌的合澜海，海中的龙穴山和虎头山历来被认为是这一带的来龙。西北而来的合澜海的潮流和东南而来的茅洲河河水在村落的东北方向汇合。村落的前面是狭长的风水塘，全村的雨水都汇聚到这里来。村落整体上之所以朝向东南，一是气候的原因，这里的日照时间较长，高温多雨，空气湿润，房屋向东南开门，夏天可以避免西斜烈日暴晒，迎取凉快的东南风，冬天可以得到阳光充分照射，避免西北风的吹拂，从而达到冬暖夏凉的效果。二是风水的原因，西北乾方是"天门"的方位，东南巽方是"地户"的方位，按照风水学的理念，水是主财的，水来之处谓之天门，若不见源流谓之天门开；水去之处谓之地户，若不见去处谓之地户闭。天门开，象征财源不断；地户闭，象征财用不竭。入水口和出水口均为暗道，分别象征天门开和地户闭。

步涌的村落采用棋盘式布局，村庄由一列列房屋组成，像一把梳子，所以有的学者又叫它为梳式村庄布局。这种村庄形制出现在清代，主要还是因为风俗习惯。孩子大了要另外立房，就在前辈的房屋后面续建新房，逐渐排成一长列。现存宗祠有3座，分别为江氏大宗祠、静菴江公祠和江氏家祠。

江氏大宗祠位于步涌村前，始建于明朝，1995年重修，占地面积500平方米，三开间、三进深、两天井，砖木石结构，清水砖内墙，镬耳山墙，灰塑壁画，雕梁画栋，特别的是左右后面的墙体均用蚝壳混合蚝壳灰砌成，厚约五六十厘米，外墙裸露的蚝壳整齐划一，蔚为奇观。江氏大宗祠先后被沙井镇、宝安区公布为文物保护单位，已成为深圳市乡村旅游的景点之一。

静菴江公祠位于步涌村后的西边，是江氏二房为纪念六世祖江静菴而建，俗称二房厅，坐东向西，面阔三间，主体建筑为广东著名的硬山顶式，抬梁与穿斗混合式梁架结构。由下堂（头门）、仪门、上堂（祖堂）等建筑组成，两个天井，建筑之间以天阶（天井）相隔，和两侧廊庑形成院落，体现"四水归宗"的风水特征，典型的明清岭南建筑风格。下堂就是祠堂的头门，面宽三间，明间为门道，门外两边次间前檐廊置墩式台基，前墙的水磨青砖光洁如新，气派不凡。大门上置石横额，上书"静菴江公祠"。正门往里不远便是遮挡的屏风，屏风在平常是不开的，只有在重大礼节时才打开。祠堂中央是天井，前后堂有廊屋相连。静菴江公祠的右边有江氏家祠，始建于清朝，占地面积约200平方米。

宗汉公家塾位于江氏大宗祠的北边，朝向与大祠堂相同，坐西北向东南，面阔三间，主体建筑为硬山顶式，抬梁与穿斗混合式梁架结构，由门堂、祖堂等建筑组成，建筑之间以天阶（天井）和廊庑相隔，形成院落，是典型的明清岭南建筑风格。门堂是屋宇式大门，门额上镶嵌着石匾，上面阳刻"宗汉公家塾"五个端庄而不失潇洒的行楷大字。石匾是仿木匾的形制，下边两端有红砂石的力士支钉。上堂是供奉祖先牌位的地方。其建筑形式和风格如下堂，内设神龛。

关帝庙在步涌村的西边村口，坐西北朝东南，三开间、两进深，两进之间以敞廊相通，敞廊两侧有加梁加盖的天井。建筑为硬山顶，辘筒灰瓦，琉璃瓦剪边，清水砖外墙，墙基和四周有角柱的花岗岩石条砌角，正脊、檐口有简单的灰塑及彩绘。门口正上方门额有一块四边花纹图案、直竖写着"关帝古庙"四个字的石匾，两侧分别绘有桃园结义图和朝皇图，左右挂着写有"大吉大利""恭喜发财"的两盏红灯笼。大门两侧有一副木造红底金字的楹联，上联为"志在春秋功在汉"，下联为"忠同日月义同天"，横批写着"万寿无疆"。庙内左右两侧有两座关帝牵马塑像，右为白马，左为红马，都用木栏杆围着。据介绍，原来这两匹红白马是没有栏杆围住的，当年有这样一段传说："沙井大村做蚝的人与大步涌村因一小事而产生误会，两村人之间相互械斗，事件越演越烈，历史上称之为'相杀'，从人斗进展到神斗，大步涌村凭着两匹马头军到对头的蚝田乱踩乱踏，蚝民损失惨重，后来事件经调解得到和平解决，而大步涌村方主动给两匹马头军加上围栏以示不外出滋事。"从此，双方真的和平相处了数百载。每年年三十关帝生日，村民会自发组织祭拜活动。过去渔民出海前也会前往祭拜祈祷，保佑平安。在步涌村西口，在关帝庙对面，还设有一个"活水廻澜社"。民间传说，清朝年间，凡是外出谋生者，须在此祭拜之后才外出，以后不管漂泊到天涯海角都不会忘记家乡，能回乡认祖归宗。

这里是西晋孝子黄舒的故里。黄舒，字展公，西晋博罗县参里（今沙井街道云林新村一带）人。幼时随其父黄教迁到宝安。他心地善良，非常孝顺父母，生活贫苦，唯尽力经营来维持家计，服侍双亲更是体贴入微。只要是父母的要求，虽千里之遥，也依然前往。父亲去世，黄舒痛不欲生，含泪葬下父亲，于父坟之侧搭一茅庐守孝。每到夜晚，悲从心来，声泪俱出，其声凄楚，闻者也为之泣下。日子久了，以致形容憔悴。他守孝三年，虽虎啸狼嚎，风霜雨雪都不能动摇他行孝之心。后其母逝，也是如此。县人将他比作春秋时的孝子曾参，他居住的地方经官府上奏，命名为"参里"，里旁之山叫参里山。黄舒事迹见载于《广州乡贤传》《东莞县志》和《新安县志》。黄舒墓在新河大道步涌段大田路口，坐南面北，清代的墓葬形式，三合土享堂地面，三合土散水，青砖墓壁，拜堂处显露出部分砂岩条块，墓碑为花岗岩质地，球状碑顶，碑额处浮雕云纹图案，碑文为"晋钦赐孝子乡贤始祖考参里黄公之墓"。

壆岗村

壆岗村位于深圳市宝安区沙井街道壆岗社区，距街道办事处约1千米。邻近自然村有西边的沙头村，西北边的辛养村，北边的岗头村，东边的壆边村，南边的马安山村。

据族谱记载，该村始建于明代，由归德驸马房陈氏兄弟分家迁居而来。"壆"字，是广东方言田埂、田基之意。因这里有绵延的山岗，形似一条高高的土壆，而村落依山岗而建，故取名壆岗村，曾用名壆头。壆岗是蟹形地，据20世纪50年代初统计，壆岗旧有土地7331亩，分布在西乡、黄田、三围、福永、塘尾、灶下、万丰、潭头、松岗等十多处，古人有"巨蟹出洞，鱼游鹤立"之称。

壆岗村清朝康熙年间隶属新安县恩德乡管辖，嘉庆年间隶属新安县福永司管辖，光绪三十四年（1908）属新安县沙井乡管辖，民国十三年（1924）属宝安县第四区管辖。1949年10月，松岗、沙井、新桥、雍睦、凤凰五个乡成立人民联乡，壆岗村隶属于雍睦乡。1958年，属宝安县超美人民公社，后属沙井人民公社壆萌大队。1984年，成立壆岗乡，属沙井。1986年，壆岗村成立，属宝安县沙井镇。2004

年，村改社区，属宝安区沙井街道至今。2015 年末，塱岗村有户籍人口 1771 人，实有居住人口 1758 人。其中，男性 838 人，女性 933 人；80 岁以上老人 83 人，最年长者年龄 95 岁（女）。村内非户籍外来人口约 60000 人；祖籍本村的港澳台同胞约 3000 人；华人华侨约 10000 人，主要分布在越南和法国，归侨 10 人。

该村世居村民为汉族，广府民系，使用粤方言。主要姓氏是陈姓，是归德陈氏一支，俗称驸马房。以陈俊卿为太始祖。始祖应元，俊卿之子，官拜应天府尹，居江左，生梦龙。宋南渡，梦龙娶宋理宗女赵氏公主为妻，授轻车都尉驸马。梦龙生宋恩，历宦侍郎，宋末迁广州府东莞县，因见归德为东南之美俗，于是就居。宋恩生三子：长真子，次受子，三莱子。七世祖宗顺，始由沙井新徙渡溪（今塱岗）。当时，已有黎、费、冼三姓在此居住，以黎姓最大。陈姓后来居上，黎、费、冼三姓在塱岗也无法立足生存，只有迁出，原来黎姓所建黎氏宗祠也成了"陈氏大宗祠"。乾隆甲辰年（1784）重修"陈氏大宗祠"时，扩建了宗祠后厅房来安置黎氏先人神主灵位，从此，塱岗成了宗顺后裔聚居地方。

陈氏大宗祠位于塱岗村前路，原为黎氏宗祠，清乾隆甲辰年（1784）改建。坐西朝东，三间、三进、二天井院，面阔 12 米，进深 35.18 米，占地面积近 430 平方米。大门、中厅间联以亭台式廊房。中、后厅间联以卷棚顶廊房。大门正面呈凹斗状，基台、檐柱、墀头均为花岗石制面，明间正中辟门，门额上行书"陈氏大宗祠"，右侧小字"乾隆岁次甲寅三月吉旦"，门联：前面桥溪后面沙溪溪水长流涌出渡溪新气象，空中天马庭中禄马马群超拔迎来驸马旧家

风。中厅后金柱间构置门扉木屏风，上有"虞祐堂"牌匾。后厅金柱上有楹联：雍睦世家子孙发达开先绪，颍川堂上祖武传留启后人。明间置供桌、灵位及陈氏祖谱，左右有对联：六龙怀念姻亲旧，五马近思世泽长。因史上村民是由沙井辛养村迁移而来，故村民每年清明及农历九月初十则去往辛养村陈氏大宗祠祭祖。塱岗陈氏大宗祠规模大，保存较好，梁架、斗拱、檐板及石雕构件用料考究，工艺精湛，且有确切纪年，因此具有较高的艺术价值和历史价值，为研究宝安区宗祠建筑及塱岗陈氏家族史提供了实物资料。

北帝庙位于塱岗村北帝路，是祭祀北帝菩萨的寺庙，三开间、三进深，建筑式

北帝庙位于塱岗村北帝路，是祭祀北帝菩萨的寺庙，三进、三间，建筑式样与当地的祠堂建筑相似，门楣石匾题有"北帝古庙"。相传农历三月初三是北帝菩萨的生日，每年都举行"北帝诞"活动。

样与当地的祠堂建筑相似，门楣石匾题有"北帝古庙"。相传农历三月初三是北帝菩萨的生日，每年都举行"北帝诞"活动。农历二月二十八，北帝"出位"、巡游，三月初二"复位"，活动期间场面热烈，鼓乐喧天，鞭炮齐鸣，舞狮舞龙，连日欢庆。

　　智熙家塾位于塱岗村北帝路口，是祠塾合一的建筑，为塱岗越南华侨陈智熙所建。陈才茂（1861—1919），号智熙，塱岗人。幼时家境贫寒，青年时为了躲债，离乡背井到了香港，经同乡的介绍，到建筑工地当泥工。此时，法属殖民地越南海防也开始大规模的市政建设，陈才茂首批应招前往。陈才茂参与海防港口工程，赢得法国建筑师马隆上尉的信赖，先后成为管工、小包工、大包工。马隆邀请陈才茂合作经营建筑公司，接洽到的工程全部交给陈才茂承包。马隆的公司发展迅速，成为北越有名的建筑公司。后来，马隆携妻返回法国，将公司交给陈才茂。陈才茂接手公司后，以自己的名字命名，此后不管是法国人还是越南人都亲切地称其为THAN THOI（陈才）。他买下红河两岸的大片土地，用约0.5平方千米土地造水塘储放木材，还建起了先进的机器锯木厂和水泥花砖厂，实行锯木机械化，生产时髦的花阶砖。后来，他还建起一个巨大的内河船坞修理船只。由于陈才茂的名气，人们逐渐称广东街为"陈才街"。陈才茂善于团结华工，手下有一批能工巧匠和"土工程师"保证其工程质量，还聘请法国律师为法律顾问，赢得法属殖民地当局和社会各界人士的信任，成为当时北越声名显赫的三大建筑师之一。他在北越竞争得标的工程主要有全越南总行政机构总督府、河内海防铁路海防段的路基、海防红河石堤、疏通红河河道、建造海防港仓库等。他热心社会公益事业，主持东安堂，办起东安学校，为东莞、宝安的侨民子弟提供读书的场所。陈其芬（1901—1996），陈才茂之子，壆岗人。毕业于岭南学校，与廖承志同学，在法国与廖梦醒、冼星海等相识。曾在巴黎埃纳比克三合土建筑公司实习，后在建筑克来威夫卫生城（La Cite Sanitarie de Clarivivre）时任建筑工程师。1936 年回国，任南京市政府工务局技正。1936 年，经吴景奇、阮迭祖介绍加入中国建筑师学会。1936 年，取得实业部技师登记证书。1937 年赴越南，设计丽都戏院，后至柬埔寨任王国政府公共工程部顾问，协助中国和苏联专家根据热带条件进行建筑设计，曾获柬埔寨王国政府骑士、王后勋章。1953 年，应廖承志邀请回国参加国宴。1970 年，回国定居于北京。智熙家塾三开间、两进深、一天井、两廊房，朝向东北，面阔 13 米，进深 33 米，占地面积 429 平方米。前堂，硬山式，辘筒灰瓦顶，博古脊，清水墙，花岗石砌角，有生起。门楼前堂墙裙叠四皮条石，檐口有彩绘，檐板有戏剧人物、花草、暗八宝等雕刻图案，门匾题阳文款"智熙家塾"，题款为"光绪戊申秋月榖旦"，落款"顺德陈敏章敬书"。山墙上有灰塑博风，内容有花草树木、蔬果、动物等。后厅为二层阁楼式，卷棚式屋顶，绿琉璃瓦剪边，辘筒陶瓦覆面，镬耳顶风火墙，一楼为仓库或杂货间，二楼中为厅，两侧各有两间房。智熙家塾是一座传统的家塾、家祠合一的建筑，同时，它建于光绪戊申年（1908），是深圳市建筑年代最早的华侨建筑之一，又是沙井地区最后一批家（私）塾建筑，是南洋与中国岭南特色相结合的有着独特风格的家塾建筑。

　　壆岗禅生新楼为壆岗旅越华侨陈禅生于 1915 年前后所建。新楼又称寿仁堂，同旧楼一样，主楼三层，外观式样和门窗为西洋式建筑风格，窗扇亦为早期木制百叶窗。内部用钢筋混凝土梁、板，墙体为三合土夯筑，属混合结构。虽然其外观已经是欧式化了，但其平面还是中国传统的四合院式布置：中间为天井，房间沿天井四周布置，每面三间，大门入口处为四根科林斯式柱子组成的门廊。楼外有一圈三合土围墙，组成一个完整的院落，院内有水井一口。禅生新楼曾经做过学校，陈禅生担任过壆岗小学的第一任校长。今院落门亭的横额上仍有"壆岗小学"四个大字。

万丰村

万丰村位于宝安区新桥街道万丰社区，距街道办事处约 1.9 千米。相邻自然村东有上星村、上寮村，西北有沙井街道壆岗村，西南有沙井街道马安山村。

万丰村原叫疍家蓢墟。元代，从南方元朗的屏山来的一支邓姓人家看中了这片风水宝地，迁到这里定居。随着人口的繁衍，家族日益强大，疍家蓢就变成了邓家蓢。据《宝安怀德潘氏族谱》记载，元末潘礼智迁邓家蓢，开基创业，惜无子，过继潘礼敬次子潘义察为嗣。当时，村中邓姓、潘姓、叶姓、廖姓、莫姓、郑姓杂居，且常有姓氏之争。明代万历年间，潘甲第改邓家蓢为万家蓢，意为潘氏后代兴旺发达，越发越多。后来，邓家的子孙迁到福永塘尾，其他姓氏也陆续迁往他处，邓家蓢成了只有潘姓的单姓村。

万丰村是广府民系的村落，使用粤方言。改革开放之前，万丰还是传统农业区，主要作物为水稻和番薯，养殖猪。番薯是万丰村的特色农产品，有"万家蓢番薯，岭下芋头，沙井蚝"的说法。万丰村的西南是大钟山，古村依山而建，坐西向东，从北到南，依次是长房钟冈房、二房业园房、三房泉石房和四房君植房。各房之间有明确的界线，有街巷相隔，各房都建有各自的祠堂和活动中心。古村的入口在东北角，建有福镇围，有围门、箭楼和四环的房屋，其防范作用与客家围楼相仿，遇到天灾人祸，各房都要派人驻守。情况严峻时，全族人都可躲到围里来。人们称这里为围头。

现存宗祠有潘氏宗祠、述冈祖祠、理学钟冈祖祠、圣学祖家塾。

潘氏宗祠始建于明代，重建于1874年，占地面积287平方米，为宝安区第四批不可移动文物点。三开间、三进深、两天井；大门、中厅间联以亭台式廊房；中、后厅间联以卷棚顶廊房。大门正面呈凹斗状，基台、檐柱、墀头均为花岗石制面，明间正中辟门，门额上书"潘氏宗祠"。中厅后金柱间构置门扉木屏风，卜有"钟山堂"牌匾。后厅明间置供桌、灵位。潘甲第在《重修荥阳家谱序》中记述："先考钟冈公……曾具疏请叔祖父以下醵香建立宗祠，尝祖供祭，续谱牒，有志未逮而卒。余叔祖率诸弟鸠工，宗祠告成。"据此推测，潘氏宗祠始建于明嘉靖年间（1522—1566），清同治十三年（1874）重修过，门匾由世末张金华题写："潘氏宗祠，同治十三年孟秋穀旦，世末张金华敬书。"1987年，由合族裔孙捐资再度重修，中厅正中设木质雕画神龛。宗祠中代表性楹联有"潘氏繁衍传万代，宗祠延续达兆年"，书于1987年；代表性匾额有"赏戴蓝翎"，书于清朝同治五年（1866）。

圣学祖家塾在潘氏宗祠的南侧。潘甲第，字伯登，号肖冈，邓家蓢（今万丰）人，潘楫之长子，出身书香世家，少得父教，专治春秋，以"躬耕供母"闻名乡里。明嘉靖戊午年（1558），以春秋中乡试（举人），一举成名。初任保昌县教谕，转署海丰县教谕，后升湖广衡州耒阳县知县。任职耒阳县期间，前令遗留十余万斤粮的空额，竟由潘甲第承担责任，被降职改任福建都转运盐使司。后升任广西寻州府贵县知县。万历四十六年（1618），赐重宴鹿鸣。他在家乡大钟山下创建纪念黄舒的黄孝子祠，著有《遐方迩言》《宝安堂集》。

述冈祖祠始建于清，重建于1992年，占地面积185平方米，现仍作宗祠使用。宗祠门面用细磨红砂条石砌成，厅内庭柱、墙基、檐阶均用麻条石砌成。

理学钟冈祖祠位于万丰一房，始建于明代晚期，重建于清，占地面积150平方米，砖木石结构，门面用细磨红砂条石砌成，厅内柱头、檐阶、墙基、墙角用粗麻条石砌成。潘楫，号钟冈，邓家蓢（今万丰）人，邑廪生，其治学态度得到当时令尹春湖公的赏识。专治春秋，曾参加《东莞县志》的修纂，著有《钟冈诗集》《文房余稿》《监议》等书。他最大的成就就是研究音乐，著有《律吕图说》一书，广东布政使司左布政使游应乾作序，对此书评价颇高。其子潘甲第得父教，也治春秋，于嘉靖戊午年（1558）以春秋中乡试，后历官至知县。潘楫以其子累赠乡进士文林郎。万历四十二年（1614）入祀县乡贤、文庙，成为深圳历史上著名的理学名贤。

圣学祖家塾始建于清，重修于1992年，为宝安区不可移动文物。

村中宗教庙宇有陈侯古庙，始建时间不详，重修于1992年，主要供奉西汉曲逆侯陈平。该庙坐东朝西，由前堂、后堂、天井、两侧腋廊及神龛组成。陈平，汉初武阳人（今河南原阳县东南），足智多谋，在各种困境中常能立于不败之地。他与张良、萧何、韩信、卢绾、曹参、周勃、樊哙等人共同辅佐刘邦，为其出谋划策、出生入死，为建立西汉江山做出了不可磨灭的贡献。汉惠帝时，陈平任右丞相。当时宫廷矛盾极其尖锐复杂，王侯将相稍有不慎，就会招致掉脑袋的危险，而他却能够顺利地躲过一切风浪，避过无数险滩暗礁，其立身处世之高明、智慧超群不能不令人佩服。据传，潘氏先祖在西汉时期惨遭横祸，适逢西汉开国元勋、三朝宰相、曲逆侯陈平，听明冤情仗义冒险救了其性命。潘公为答谢其救命之大恩大德，便画了陈公的像背在背上，走遍四方，告示子孙族人，务求要广修陈侯庙，世世代代敬祀陈公。既然陈平对潘氏先祖有救命之恩，万丰（万家蔺）又是以潘姓为主要人群聚居的村落，在万丰村建陈平古庙让后人供奉、景仰，是言之有理、行之有道的。其实，在邓家蔺的周围都是陈姓的村落，将别人的远祖作为社神祭祀，也算是示好之举。

万丰村历史悠久，早在西晋时期就有居民的活动。1984年9月，在大边山平缓的山坡上挖掘出3座晋朝墓，编号为沙万M1、M2、M3。沙万M1为长方形砖室墓。墓室因基建被毁去一部分，残长1.86米，宽0.92米。墓室头部墓墙第二层上有一宽16厘米、高10.5厘米的头龛，墓底砖为平铺一横一竖放置，人骨架及葬具无存。出土物为若干碎烂的釉陶片。沙万M2为长方形砖室墓。墓室也因基建被毁一大半，残长1.2米，宽1.65米。券顶从第二十层砖起拱，墓室头部墓墙第一层砖上带一头龛，长13厘米，宽13厘米。墓底砖平铺竖放。出土物仅见若干破碎的釉陶片，人骨架及葬具均无存。沙万M3为长方形砖室墓。墓向北偏东45度。墓室全长5.2米，宽1.35米，均用方格纹砖，规格为32厘米×15厘米×4厘米，墓壁筑法为五横一竖法，中间还砌有假棂窗，墓底砖平铺一横一竖放置，上面设有垫棺砖。出土物仅见一些釉陶碗碟及碎片，人骨架及葬具均无存。从 M1、M2、M3 墓出土文物来看，这些墓为西晋至东晋时墓葬。此墓葬区露出的可见古墓还有 5 座。

　　万丰的粤剧、粤曲由来已久。据史书记载，明万历年间，潘楫潜心研究音律，著有《律吕图说》，得到同时代人很高的评价，对当地粤剧、粤曲的形成和传播有着深远影响。潘耀扬官至大将军、两广提督，虽是行伍出身，但也酷爱艺术，尤其喜爱粤剧、粤曲。晚年卸职回乡，专门在自家"将军第"修建"八音楼"，节令祭祀和农闲就请剧团来演戏，与村民同乐。天长地久，耳濡目染，村里和邻近乡里能听爱看粤剧、粤曲的人越来越多。一些人渐渐不满足于看别人的，自己也组织起来，自演自唱，自娱自乐，逐渐形成风气并引领这一带地方粤剧、粤曲民间社团的形成和发展。广府人居住的村子都有粤剧班子演"大戏"的习惯，"唱戏会"等民间社团如雨后春笋般涌现。20 世纪 40 年代，有著名粤剧演员潘有声、孙倩玉，50 年代有粤曲唱家潘荣耀。"文革"时期，沙井公社组织"文艺宣传队"，也唱起移植过来的粤剧《红灯记》《沙家浜》。改革开放以来，尽管粤剧、粤曲面临新形势新问题，受到外来文化、流行思潮的冲击，但它在群众中的根依然存在，并表现出顽强的生命力。目前，沙井共有万丰粤剧团和 3 个民间剧社。此外，荣根、蚝业、壆岗、万丰、黄埔小学也开展了"粤剧进校园"活动，对学生进行培训辅导和组织参加一些比赛活动，为传承和推广粤剧、粤曲作了有益的尝试。2007 年，粤剧、粤曲被列入深圳市非物质文化遗产代表名录。

衙边村

衙边村位于宝安区沙井街道衙边社区，距街道办事处约 2 千米。相邻自然村南有辛养村，北有步涌村，西有沙三村。

衙边村与沙井大村连成一片。因地处沙地的北尾，古名沙尾，后改为衙边村，取归德盐场衙署旁边之意。

衙边村以陈姓和张姓居民为主，其中陈姓居民是归德陈氏一支。

世居村民为汉族，属广府民系，多使用粤方言。现存宗祠有衙边陈氏大宗祠、德辉陈公祠、念冈祖祠和凤冈祖祠。

衙边陈氏大宗祠位于衙边社区南街，建于清朝，于 1999 年重修，占地面积 550 平方米，是三开间、三进、两天井、砖木石结构。大门、中厅间联以亭台式廊房。中、后厅间联以卷棚顶廊房。大门正面呈凹斗状，基台、檐柱、墀头均为花岗石制面。门楼前檐柱对联：面文笔而列金榜山山有高低皆拱向，注砚池如环玉带水水无大小不来朝。明间正中辟门，门额上行书"陈氏大宗祠"，门联：拥澜海以观龙跃，蘸砚台而听凤鸣。中厅后金柱间构置门扉木屏风，上有"拱星堂"牌匾。前檐柱对联：颍水鸿基祖武长留承伟范，南疆宝气孙枝盛发展新图。后檐柱对联：认半句错省千般累，忍一息气保百年身。后厅明间置供桌、灵位及陈氏祖谱，左右有对联：六龙怀念姻亲旧，五马近思世泽长。

德辉陈公祠位于衙边社区南街 4 号左侧，建于清朝，于 2007 年重修，占地面积 450 平方米，坐北向南，三开间、二进、一天井、两廊布局。面阔 10.73 米，进深 14.08 米，占地面积 151 平方米。砖木石结构，清水砖墙，石墙裙，木结构梁架。整个地板为大理石铺就。前堂正立面为红砂石墙裙，明间大门上石匾刻有"德辉陈公祠"五字。门前挂有楹联"德厚流光千秋，永志追远孝行；辉赫承传万世，无忘拓展宏大"，书于 2007 年。陈玠，字德辉，陈纬的次子，是衙边向南村、东边村的七世祖也。

凤冈祖祠位于衙边社区南街，建于清代，现代局部维修、改建。坐北向南，三开间、三进布局，由前中后三堂、两天井、四廊房组成，面阔 9.49 米，进深 26.78 米，占地面积 254.12 平方米。砖木石结构，木构梁架。前堂正立面有塾台，上有石柱，明间有红砂石墙体及门框，门额石匾书"凤冈祖祠"四字。陈凤冈是陈瓒的儿子，生了七个儿子：陈樸、陈模、陈幹、陈校、陈植、陈梓、陈杭；是陈隽惠的高祖。

念冈祖祠位于衙边社区十一巷 10 号后，始建于清朝，于 1999 年重修。始建年代不详，现存建筑为清代风格。坐北向南，三开间、二进、一天井、两廊房布局，面阔 11.1 米，进深 17.96 米，占地面积 199.35 平方米。砖木石结构，清水砖墙，木构梁架。凹斗式大门上红砂石匾额有"念冈祖祠"四字，前立面有红砂石墙裙及红砂石挑梁。天井两侧廊房为近代改建。陈梓，字念冈，生了五个儿子：陈光丽、陈迎阳、陈冠阳、陈和阳、陈文阳；是陈隽惠的曾祖。

恒足公家塾建于清朝，于 1999 年重修，占地面积 150 平方米；迎阳祖家塾建于清朝，于 1999 年重修。

村外还有陈朝举墓、云林仙井、云溪井等文物古迹。

陈朝举墓在云林新村，建于清朝，于 1999 年重修；原墓堂、享堂均为三合土夯成。正中立花岗岩墓碑一方，上刻"宋正议大夫野望陈公、诰封夫人晏氏大母之墓"。墓堂两侧各立一块《更修初迁祖野望公墓志》青石碑记。陈朝举是沙井陈氏的一世祖，他在归德场涌口里立村，是因为他看中这里是晋代钦赐孝子黄舒的故里。

云林仙井位于宝安区沙井衙边村，井沿用石条围砌成正方形，井壁用石块及青砖垒砌，底铺青沙。清康熙版《新安县志》记载："云林仙井，在参里山侧。成化间，布政陈选爱其清洌。"相传该井能涌出美酒，后被一财主霸占，靠出售美酒发了横财。他贪得无厌，还奢望出酒又出酒糟，喂猪赚更多的钱。一仙翁云游至此，见财主贪婪，便吟"天高未为高，人心更为高，清水化美酒，又嫌猪无糟"的歌谣，井便不再涌酒。

云溪井位于宝安区沙井街道的沙井中学内，是古云溪寺留存的唯一见证物。云溪寺是古代新安县著名的佛教寺庙和风景名胜，建于宋代。进士曾宋珍《云溪寺》诗云："溪水年年自浅深，山云日日半晴阴。溪山好处划开眼，看水看云快此心。"清康熙年间改称万寿寺。该井井口、井台均由花岗岩砌筑，井壁砌以青砖。据传，旧时沙井墟的茶楼专门雇工到云溪井汲取清泉，用来泡茶和制作其他清凉食品。当地村民就又把云溪井称作"泡茶井"。

沙井村

沙井村位于深圳市宝安区沙井街道沙井社区，是一个片村，包括沙一村、沙二村、沙三村、沙四村。

沙井大村的主要姓氏是陈姓，其始祖相传是南宋淳熙进士陈朝举。据《宝安沙井陈氏族谱汇编》载，沙井陈氏源于洛阳，后因中原战乱，迁徙到福建侯官。北宋庆历进士陈襄的后人陈朝举，名义，讳孔硕，字朝举，号野望，为南宋淳熙年间（1174—1189）进士，特授正议大夫。因思念故土，率家人回到祖居地洛阳。在洛阳还未停留多久，金人便骑着强壮的马匹，踏醒人们安居的美梦。陈朝举只得收拾行装，洒泪告别祖宗佳城，率族南行；他们没有回福建侯官，而是随着南迁的移民潮，翻过大庾岭，落籍在南雄珠玑巷。为了找到一块宜子孙发展的土地，晚年的陈朝举不顾年老体弱，毅然率族南迁，沿着珠江东岸一直走到珠江三角洲的尽头，一个叫涌口里的地方，才停住漂泊的脚步，在此开村立业。他在滨海的地方修建了一座锦浪楼，四时八节，就率子孙登楼遥祭北方。陈朝举的子孙后来分布于沙井、松岗、福永、龙岗、新会、惠州等地，为古代深圳地区的开发作出了贡献。每年农历九月十三日祭祖日，陈氏族人会前往陈朝举墓进行祭拜，除沙井陈氏族人外，龙岗区荷坳和宝安区松岗燕川同宗也会共同前往。

世居村民主要为汉族，属广府民系，使用粤方言。

沙井一村、二村在辛养村的南面。这里原来是辛养陈氏大宗祠的土地，由于辛养村曾遇到海难，不得不将土地转让给义德堂陈氏宗祠。

沙井一村、二村坐西向东，是广府排屋村。

私塾榕波公家塾位于沙一村，占地面积200平方米，始建于清朝，重修于2010年，砖木石结构，清水砖外墙，硬山顶，两面坡，现经过修缮，保存完好。属区级不可移动文物。

沙井一村、二村后面是沙井大街，原叫泰通街，又叫街仔圩，曾经店铺林立，有"小广州"之誉。街不长而庙多，北有洪圣古庙，中间为天后古庙，南有杨侯庙、西来庵。

天后古庙坐东向西，三开间、三进深、两天井，始建于清朝，主要供奉妈祖。1963年，被拆建成戏院。2005年，影剧院成为危房而被拆除，建成街头的小公园。2011年，在各界人士及当地社区要求及集资帮助下，重建此庙，并于2013年重建完成。每年农历三月二十三日天后诞，会有舞狮、祭拜等活动。

沙井洪圣古庙，俗称大王庙，位于沙二村。古时渔民出海捕鱼都要在此上香敬神，祈求平安，是远近闻名的古庙。该庙坐东向西，依山而筑，面向大海，前有开阔的露台，青石阶沿，露台周边是用花岗岩砌成的栏杆。南面拾级上台，台前有数级石阶进入前厅，两进

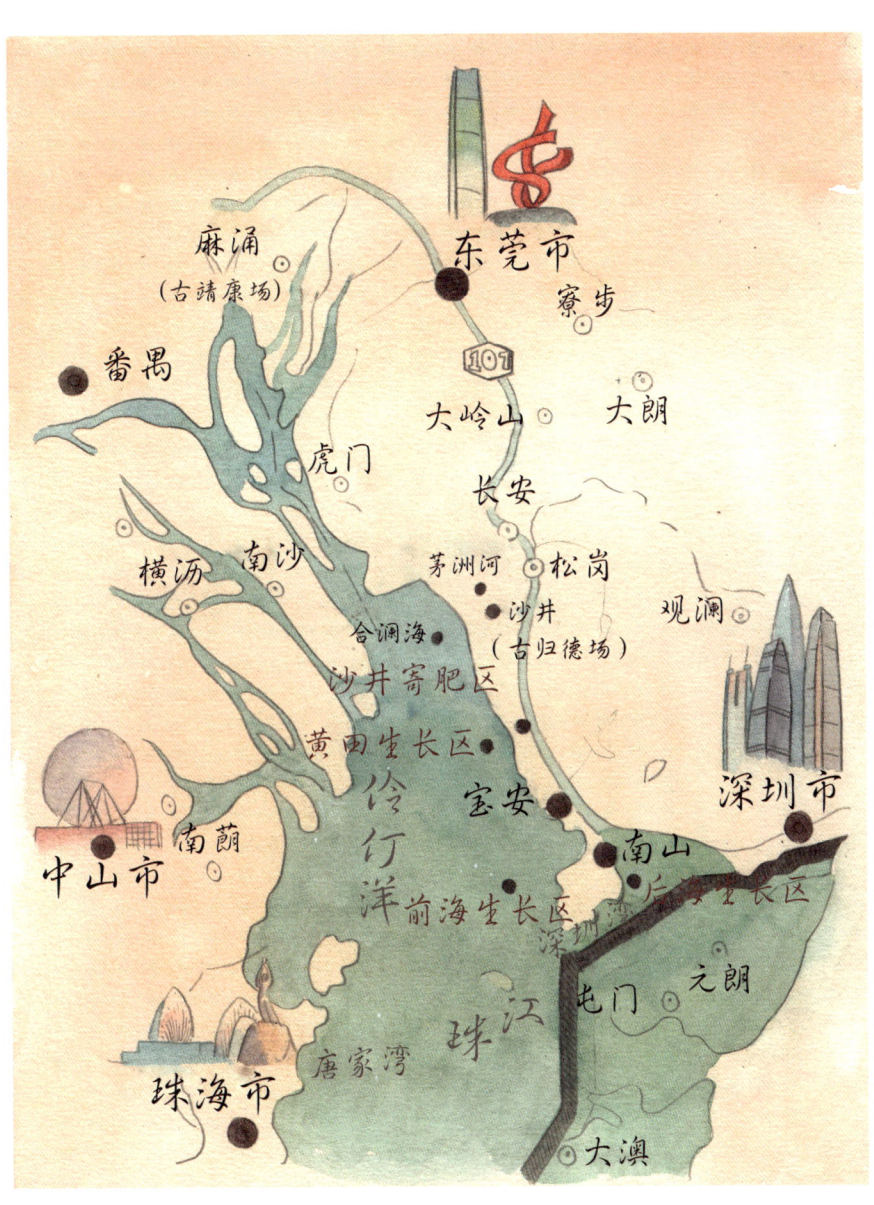

沙三村　沙四村

龙津石塔

街边陈氏大宗祠

沙井义德堂陈氏宗祠

辛养驸马房陈氏大宗祠

沙二村

沙井蚝厂

沙一村

洪圣古庙

天后古庙

▲
沙井一村、二村后面是沙井大街，原叫泰通街，又叫街仔圩，曾经店铺林立，有"小广州"之誉。街不长而庙多，北有洪圣古庙，中间为天后古庙，南有杨侯庙、西来庵。

分前厅和后殿，后殿正中央供奉着洪圣大王爷的菩萨，中央左侧前是风、后是调，右侧前是雨、后是顺，风、调、雨、顺四菩萨相伴洪圣大王爷左右。其始建年代已不可考。清末，洪圣古庙是沙井团练的总部，户部主事陈桂籍训练乡勇，主持新安的抗英活动，在封锁香港、广州三宝圩之战和南头保卫战中发挥了积极的作用。咸丰年间重修时，陈桂籍题写匾额。1937年，大规模重修，后成为沙井乡公所（南厅）和南边民团队部。1938年，日军在庙前屠杀沙井民团队员36人。1948年，为宝民中学校址。1950年，为宝安县第四中学校址。1957年，创办沙井中学，校址迁往云林。后为沙井公社办公用房，今为沙井大村巡逻队使用。洪圣古庙于20世纪70年代被拆除。2000年6月，被公布为沙井镇文物保护单位。今天的洪圣古庙得以修复，焕然一新，是研究深圳古代建筑历史极为难得的实物。它的兴衰，也是沙井民俗风情、民间文化的见证。

沙井三村、四村在辛养村的北面。

昂积陈公祠，位于沙三村十三、十四巷之间，始建于清朝，占地面积100平方米，现为民居。

静乐陈公祠位于宝安区沙井沙三村十四巷21号，三开间、二进深、一天井院落，面朝东南，面阔11米，进深24米，占地面积264平方米。大门硬山屋顶，底平面呈凹斗形。明间门上石匾行书"静乐陈公祠"，两侧有楹联，楷书"澜海流通环带水，阳台秀丽现文峰"。天井，砂石条铺地，左右各两间廊房。后厅，硬山屋顶，覆盖琉璃瓦，博古正、垂脊，抬梁式屋架。前、后金柱上各有楹联一副，前联"静思祖功垂福荫，乐承宗德振家声"，后联"乐群敬业建家园，安居守分添喜庆"。明间设陈氏十七节世祖代邑庠生之牌位。从建筑和雕塑风格来看，祠堂始建于清代初期。门前绿树成荫，左侧扩建舞台，常举办粤剧团的表演活动，是沙三村、沙四村老人共同欢乐的文娱中心，被命名为"康乐园"。

暄丰公家塾，始建于清朝，重修时间不详，占地面积200平方米，坐落于沙三村十二、十三巷之间，布局三开间、两进深、一天井。

碧涧公家塾，修建于清朝，占地面积120平方米，位于沙四村九巷1号，俗称"雪祖孖厅"，与瑞丰公家塾相邻，坐东向西，现为民居。瑞丰公家塾，始建于清朝，占地面积120平方米。

平冈公家塾，坐西向东，与衙边村相邻，修建于清朝，占地面积120平方米，现为民居。

观音天后庙位于沙四社区，面阔一间，进深一间，建筑结构、样式与一般民居相类似。庙内有一块清道光九年"重修观音天后庙碑"，进士蔡学元撰写，碑为青灰麻石，高1.14米，宽0.62米。碑额书："重修观音天后古庙碑记"，碑文记录了观音天后庙之形胜、兴衰沿革及升平围的历史，是沙井立村的重要实物资料，对沙井的形成具有十分重要的研究价值。2000年6月13日，被列为沙井文物保护单位。每年农历二月十九日观音诞，周边村民会前往庙中烧香膜拜。

圣帝宫位于沙四村，为一开间、二进深、一天井院落，面阔5.62米，进深13.22米，占地面积74.3平方米，坐西朝东。山门，面阔一间，进深一间，硬山式起镬耳封火墙，灰塑饰黑带百草状，山门正脊塑饰祥云、龙麒麟等，绿琉璃瓦剪边，辘筒陶瓦抹灰屋面，木雕封檐板，檐下彩绘内容丰富。外山面设护墙柱，门上"圣帝宫"

石匾，内墙有道光、咸丰年间重修碑记。后殿，面阔一间，进深一间，硬山式起镬耳封火墙，灰塑饰黑带百草状，正脊有精美雕塑，绿琉璃瓦剪边，辘筒陶瓦抹灰屋面，木雕封檐板，墙上有壁画。山门与后殿之间天井建卷棚歇山式构筑物，并设有灰塑竹节状下水管，天井麻石铺地，有水槽与暗水道，两侧前后设琉璃长方形花窗。该庙宇后殿神像已无，基用花岗石，清水砖墙。始建于清中期，道光、咸丰年间重修，现存仍为清中晚期风格建筑。

陈氏宗祠位于沙三村，又名"义德堂"。因在雍睦堂陈氏大宗祠的北边50米，又叫北祠，砖木石结构，五开间、四进深、三天井院落，硬山尖山式屋顶，绿琉璃瓦覆面，正、垂脊均作博古饰。面朝东南，面阔18.2米，进深55.5米，占地面积1010平方米。宗祠前建石围墙（俗称大包围），南北两侧各设院门。大门明间正中辟门，门上石匾书"陈氏宗祠"，左右有木匾楹联，"凤集高冈伫看文明天下，龙蟠沙井行将霖雨苍生"。前中厅宽五间，深三间，后金柱间木构屏风，上悬"义德堂"牌匾。后中厅宽五间，深三间，前后金柱上各有楹联一副，前联"锦浪流通思祖泽，金鱼袋赐仰宗功"，后联"锦浪楼登思祖泽，金鱼牌赐念祖功"，明间后部供奉祖宗牌位。后厅宽五间，深一间，山墙和后檐墙上部彩绘有山水、花鸟及书法题记。厅与厅之间均联以卷棚顶厢房，廊（厢）房均绿琉璃瓦覆面。陈氏宗祠始建年代已无可考，据介绍曾在清乾隆、道光年间重修过，现存为清代中后期风格，1992年曾进行过维修。

沙井蚝厂位于沙井大街342号，1955年成立，占地面积2万平方米，设有机房、锅炉煮蚝室及烘干车间、晒场，是当时广东省最大的蚝业加工厂。当时，沙井蚝厂所在的沙井蚝业生产合作社被评为"全国农业社会主义建设先进单位"，先进个人得到了进京与毛主席见面的机会。2011年，其被列为宝安区的"文物保护单位"。2009年，建立沙井蚝文化博物馆，里面陈列着1958年由周恩来总理亲笔题字的"国务院奖状"，养蚝、制蚝设施等文物展品。蚝的生产技艺是沙井村的特色技艺，曾被列入市级非物质文化遗产名录，形成于明清时期，传承人为全体蚝民，主要包括开蚝和煮蚝油。沙井蚝养殖世代相传，生产技艺不断改进，从原始的自然捕捞逐步向排种放养、投石放养、堆石放养等生产方式演变，到现在利用自然环境，通过自然采苗和人工育苗相结合，使用绳吊式养蚝。

升平围围墙位于沙四村，现尚存围墙一段，系用蚝灰、黄泥、沙石和合板筑成。这里原为宋元归德盐场衙署所在地，是沙井古代的政治中心。清初，归德场原盐课司署因迁界而被破坏。康熙八年（1669）复界后，本地成为义德堂陈姓回迁聚居地，逐渐发展成为沙井大村。升平围围墙是广府围的历史遗存，是沙井历史变迁的见证，宝安区沙井镇人民政府2000年6月13日公布其为沙井镇文物保护单位。

围头井位于沙四村升平围，在天后庙与观音里牌坊之间，造型古朴大方，井台用六块花岗岩石块砌成，井栏口与井口均呈六边形，栏高0.4米，六角形井口对边宽0.65米，井底铺以石块。这应该是归德场盐课司衙门的官井，宝安区沙井镇人民政府2000年6月13日公布其为沙井镇文物保护单位。

龙津石塔位于蚝四社区桥东五巷。建于南宋嘉定十三年

（1220）。俗称花塔公。清嘉庆版《新安县志》载："龙津石塔在邑中之三都沙井村河边，宋嘉定年间盐大使建石桥于沙井之东北，桥成之日波涛汹涌，若有蛟龙奋跃之状，故立塔于上以镇之。"石塔构件用粗砂岩雕刻而成，采用圆刀法雕凿。塔座平面是方形，长、宽均为0.56米，高0.29米。须弥座四角浮雕竹节角柱，正面刻宝相花万字。塔身为正方形，长宽均为0.44米，高0.6米，正面有弧形佛龛，龛内浮雕半身佛像，螺髻，长圆形脸，突眼，高鼻，小口，双耳垂肩，平胸细腹，身披袈裟，所结手印相为初佛光泽真言手印，据《苏悉地羯罗供养法经》讲："其手印相，以左手大指，捻小指甲上，余三指微开直竖，舒其膊，还以右手，亦作此印，承左手肘下，以此印印触诸物，即成光泽。"其神态慈祥逼真，颇具宋代雕刻造像的风格。塔身左右两面亦有弧形龛。左龛的上部有双手合十图像，此为合掌手印。下有阴刻楷书四行十字真言："唵尾萨啰尾萨啰吽泮吒"。据《千手千眼观世音菩萨大悲心陀罗尼经》讲："若为令一切鬼神龙蛇虎狼狮子人及非人常相恭敬爱者，当于合掌手。"右龛的上部为宝剑手，下刻阴文四行十六字初佛光泽真言："唵帝势帝惹睹尾儜睹提婆驮野吽泮吒"。据《千手千眼观世音菩萨大悲心陀罗尼经》讲："若为降伏一切魍魉鬼神者，当于宝剑手。"因年久风蚀雨化，经文咒语字迹模糊不清。1984年，当地群众在原塔基前重建塔座，将塔身等安放塔座上。其侧放一葫芦形砂岩构件，疑为原塔顶。2015年，龙津石塔被公布为广东省文物保护单位。

辛养村

　　辛养村位于深圳市宝安区沙井街道辛养社区，距街道办事处约0.5千米。辛养村曾用名驸马祖、龙津堡、雍睦乡、五福堂、地官里。相邻自然村东北有衙边村，南有东塘村，西有沙三村，东有壆岗村。

　　辛养村与沙井大村连成一片，原名陈辛养村。据说辛养是立村者陈宗佑的字。世居村民主要姓陈和姓袁。第一大姓为陈姓，是归德驸马房陈氏一支，以陈俊卿为太始祖，一世祖陈应元，曾任应天府尹，居江左。二世祖陈梦龙娶宋理宗女赵氏公主为妻，授轻车都尉驸马。三世祖陈宋恩，曾任侍郎，宋末迁广州府东莞县，见归德为东南美俗之地，就在此开基立村。其后裔遍布宝安区沙井街道衙边、辛养、后亭、菱塘、马安山、壆岗，福海街道桥头社区灶下村（重庆村），南山区南头村、南山村和东莞市虎门镇南栅村等地。

　　第二大姓为袁姓，清朝末年，袁氏族人从松岗楼岗迁至本地。

　　陈氏大宗祠在沙井义德堂陈氏宗祠的南边50米，又叫南祠，始建于明代，重建于2007年，占地面积612平方米，现仍作宗祠使用，为宝安区第四批不可移动文物点。宗祠坐西向东，为三开间、三进深、两天井布局，面阔 12.7 米，进深 42.45 米，占地面积 540 平方米。砖木石结构，清水砖墙，石墙基、墙角。前堂面明间为红砂岩墙体。开凹斗式门，门额石匾书"陈氏大宗祠"。对联"朝凤岭跨凤岗秀毓凤毛远绍千秋凤卜，宅龙津环龙穴祥征龙耳宠叨五色龙章"。大门两侧有塾台、石檐柱、石月梁、狮形栀墩。檐下有彩绘。木雕封檐板。前后天井两侧有廊房。石金柱，穿斗式与抬梁式混合梁架。前堂挂"户部主事"匾，题款"咸丰元年，臣陈桂籍恭承"。中堂挂"贡生"匾，题款"乾隆五十四年己酉拔贡，臣陈嵩龄恭承"。辛养陈氏大宗祠规模较大，保存较完好，特别是其木雕、石刻、灰塑、壁画等技艺精湛，梁架、斗拱、檐板及石雕构件用料考究，有确切纪年，文化内涵丰富，具有较高的艺术价值和历史价值，是研究宝安地区宗祠建筑及辛养陈氏家族史的实物资料。

宗祐陈公祠，始建于清朝，重修于 2000 年，占地面积 158.56 平方米，为宝安区不可移动文物，现仍作宗祠使用。宗祠三开间、两进深、一天井，砖木石结构。

现存私塾有龙裔公家塾、乐淳公家塾和月樵公家塾。龙裔公家塾，始建于清朝，为宝安区不可移动文物。乐淳公家塾，始建于清朝，为宝安区不可移动文物。月樵公家塾，位于沙井街道辛养社区地官里巷，建于清朝，这里是陈桂籍故居。陈桂籍，字月樵，辛养人，道光二十一年（1841）辛丑恩科进士，授户部主事。第二次鸦片战争期间，主持新安县团练。1856 年 12 月 19 日，陈桂籍按总督谕示，在南头县城学宫内的明伦堂召开动员大会，颁布抗英檄文，发动全县士民断绝对香港的一切供应。接着，从香港撤回全部新安人，让香港店铺关门、交通中断变死港，迫使英军撤出广州退回香港。1857年12月29日，英法联军进攻广州。后来，广州失陷，叶名琛被俘，陈桂籍率领新安练勇协助广东团练总局在广州抗击英军，取得三宝圩之战的胜利。1858年6月13日，中英签订《天津条约》。8月3日，英军乘机登陆南头，叫新安人回香港复工，双方发生冲突，数名英军被打伤。8月10日，3000名英军来南头报复。危急关头，陈桂籍率领骁勇的沙井团练赶到，与知县王寿仁带领的民勇一起将英军赶出南头城。陈桂籍后来留居广州，死后葬于白云山。沙井乡民无不传颂陈桂籍抗英事迹。月樵公家塾现为宝安区不可移动文物。

　　舞南狮是本村的特色民俗，形成于唐朝。南狮最早起源于广东南海。汉族民俗认为舞狮可以驱邪辟鬼，是民间体育艺术的典型代表。受岭南文化的熏陶，岭南地区的舞狮具有鲜明的区域特色，南狮由北方的黄狮子（北狮）脱胎而来，与北狮相近，南狮又被称为醒狮。特色技艺为洪拳。洪拳起源于南少林寺，明末清初传入广东，为五大名拳之首。辛养村洪拳为黄飞鸿一脉，由其得意弟子、广东十虎之一的陈锦泉回老家辛养村养老时开馆传授徒弟形成。

浪心村

浪心村位于深圳市宝安区石岩街道浪心社区，距街道办事处约 1 千米。相邻自然村东南有罗租村，西北有石岩新村，东北有砖厂村。原名叫"蔄心村"，该村原是一片平缓的长满蔄草的湿地。蔄心就是蔄草芯，是一个布满蔄草的地方，后来改成"浪心"。

在浪心村，黄、曾、刘、袁是四个大姓，此外，还有陈、潘、李、谢等姓，就浪心四大姓而言，黄姓是最早来到浪心的。相传黄姓族人从福建迁到东莞厚街镇杉木桥村，600 多年前有一支迁到了浪心。袁氏家族在商业上多有建树。袁荣，昔日在宝安县四大名墟之一的清平墟开有一间全县最大的当铺——广安当铺。袁耀鸿，抗战时期为进步导演蔡楚生、司徒惠敏投资拍摄《游击进行曲》《血溅宝山城》两片，抗战胜利后担任南国影业公司总经理。袁梦鸿，民国初年留学德国、法国，是我国最早的建筑工程学博士，他的名字与中国近代几项铁路大工程紧紧联系在一起，历任粤黔桂铁路管理局局长、粤汉铁路局局长、世界最大的单一糖业公司台糖公司总经理。大约同一时期，曾氏家族也由沙井新桥迁来，定居于浪心，与袁氏为邻，并

留下数栋古民居和一座建于民国三十年（1941）的祠堂——熙寰公家祠。曾氏与其他姓氏如黄姓杂居于袁氏外围，这些民居在袁氏古民居东侧及南侧。浪心刘氏的祖先来自现今深圳龙岗区的平湖。

石岩街道及其东部地区以客家方言为主；以西为广府方言；以北、以南为广客混杂区。浪心社区居民日常用语却是白话，而且是石岩客家方言区内仅有的一个讲白话的社区。

先有浪心村，后有乌石岩。自古以来，浪心村的田地在石岩地区是最好的，为一望无际的水田。原因很简单，本村人的前辈最早来石岩这一带定居，因此说，浪心人是石岩地区最早的开拓者。

浪心排屋朝向一致，呈现出完整的梳式布局，宗祠作为村落的象征位于村落的前端。单体建筑采用广府民系最常见的民居形式——三间两廊结构。

既然是到地处偏僻的羊台山北麓开基立业，当然就要选最好的土地。浪心就是一个依山傍水的好地方，田地平坦，水草丰美，适合农耕、建造住宅，还能避免自然灾害。与浪心比邻的一个村庄有个很怪的名字，叫"罗租"。原来，太平天国覆灭之后，一些落难的义士躲避到此定居，全村有 20 多个姓。因为好的田地都被浪心人占据了，他们只好租种浪心的田地。租地就要交纳租金，因为每年要向浪心的地主交一箩租，因而得名"罗租"。时过境迁，中华人民共和国成立之后，当地实行了土改，不允许再有地主收租了，浪心村人觉得邻居罗租村的人口多，土地不够用，就敲锣打鼓地把一部分良田送给了罗租村。

浪心村总面积约 11619 平方米，是典型的广府式排屋村，坐东向西，排列整齐，每列房屋中间由宽约 1 米的小巷相隔，其中前三排保存最好，屋顶上壁画和浮雕依然清晰可见。

前三排南北共十二列，长 130 米左右；东西共三行，长 35 米左右，加上外围的一些建筑物，总占地约 5000 平方米。整体布局内围建筑整齐有序，四栋北侧巷道和十八栋北侧巷道东西端各有一巷门，古民居东侧有一条排水沟，外围建筑好像是从前三排延伸出去。建筑材质主要使用砖、条石、灰砂（三合土）和木材。砖、石、夯土是墙体的主要材料，砖有泥砖和青砖两种，通常砖墙用于南北外墙和内墙，夯土墙则用于东西外墙。其建筑装饰有灰塑、壁画、木刻、石雕数种，图案有几何纹饰、花草鱼虫、八宝瑞兽、人物山水等，绘画优美、色调素雅。

浪心古民居群内有祠堂、家塾、民居等三类，计有祠堂三座，即少华袁公祠、袁氏宗祠和熙寰公家祠（曾氏）。家塾一座，即序西书屋（袁氏）。古民居（住屋）29 栋。

浪心古民居群中，前三排原为袁氏家族所有，袁氏第九世祖自松岗楼岗村迁至乌石岩，当初仅有"桑田半亩，瓦屋数椽"，饮食也只是"馈粥"（稠粥）而已。这样的日子过了许多年，原居住地已不够供养整个家族，于是又迁至羊台山下的浪心村。从第十四世起，开始兴建房产，其后建有立中书室（已被改建），进而有序西书屋，延至光绪二十二年（1896），修少华袁公祠和袁氏宗祠，立于古民居群北侧，其后逐渐有南侧的古民居，形成古民居群。

浪心排屋朝向一致，呈现出完整的梳式布局，宗祠作为村落的象征位于村落的前端。单体建筑采用广府民系最常见的民居形式——三间两廊结构。这种村落和单体建筑的平面布局是深圳西部广府地区中最常见的形式，其主要特点是：房屋内部布局合理，分工明确，厅、房部分层高较高，舒适性、私密性强，采光和通风全部来自天井。

浪心排屋的设计包含良好的排水系统，由天井收集雨水，通过排水孔，将雨水和污水排到外墙水沟，水沟宽度和高度均为 20 厘米，条石砌成，防水淹效果令人称奇。

凤凰村

凤凰村位于深圳市宝安区福永街道凤凰社区，距街道办事处 2.8 千米。相邻的自然村西有白石厦村、新田村、稔田村。

凤凰村东靠凤凰山麓，东部有凤凰山森林公园、屋山水库和七沥水库。流经凤凰村域的主要河流有福永河与灶下涌河。相传有凤凰飞过大茅山，见此山奇姿秀美，便栖息于山岩上，此岩就名为"凤凰岩"，岩石后有"凤凰洞"，后人据此将大茅山改名为"凤凰山"，而山下村落从原名"岭下村"也改为"凤凰村"。

文天祥之弟文璧的孙子文应麟举家迁至岭下村即凤凰村。文璧为文天祥胞弟，南宋末年，他携带妻儿和16名家丁潜至宝安黄松岗鹤仔园及福永凤凰一带，开村立业，繁衍后裔。宝安黄松岗及福永凤凰、白石厦一带的文氏均奉其为始祖，奉文天祥为始伯祖。大德年间，文璧病逝葬于公明马山村尖岗山。文璧之孙文应麟（1278—1350），字屏玉，号应麟。元初，曾任归德坊官，因不服元朝统治，从宝安黄松岗鹤仔园搬迁到福永大茅山脚岭下居住，在此开村立业，成为当今凤凰、白石厦、新田村文氏的开基之祖。

　　凤凰村是广府村落，还有 60 多座明清古建筑和 100 多座民国以前的古建筑，这些建筑至今基本保存完好。2005 年，被深圳市宝安区人民政府公布为文物保护单位。其中以 10 多座祠堂和多座民宅最为典型，如凤凰塔（文昌塔）、茅山公家塾、顾三书室、捷卿公家塾、松庄祖祠等。

　　凤凰塔，又名文塔，位于凤凰古村东南道路入口处。始建于清嘉庆年间，1991 年重修，坐西北向东南。平面呈六边形，为六角六层砖石木结构楼阁式风水塔，高约 20 米。塔基与第一层下半段用青麻石砌筑，檐用五层菱角牙子、七层平砖叠涩砌出。第一层正面用方门，二、三层用圆顶门（券门）及左右方窗，四、五层用方窗，顶层正面用圆窗，六角攒尖顶，塔刹已被雷击毁。塔内每层原有楼板木梯引攀至顶。塔高约 28 米，塔门的联匾分别是：第一层匾为"凤阁朝阳"；第二层匾为"开文运"，左右联为"地近丹山从凤啸，天开黄道任龙翔"；第三层匾为"经纬楼"，左右联为"风云蟠五岭，金壁联三台"；第四层匾为"独占"；第五层匾为"直上"；第六层匾为"绮汉"。各层均为楷书阳文石刻，字体刚劲有力。塔边一股溪水绕塔往下流经桥头汇入珠江口。"俗话说'救人一命，胜造七级浮屠'，古代修塔一般以单数层为吉，但凤凰古村的文昌塔只有六层。"据村民说，在塔修建前，此处本有一条清澈的小溪。但常有小孩莫名死于溪旁，这一度让村民们有迁居的念头。后来，观音托梦给文氏族长，只要在溪旁建一镇妖塔即可保佑村民平安。始建四层，但厄事依旧。观音再次托梦，称要让晨光映出的塔影正好照射到塔前水塘里方能镇妖，于是加建至六层。凤凰塔是深圳市塔阁

类型建筑的代表作，1984年被公布为市级文物保护单位。

顾三书室始建于光绪九年（1883），1983年、1988年、2016年三次维修。坐东南向西北，建筑面积512.7平方米。为三开间、三进深、两天井、四廊房、左右两巷道布局，砖木石结构，清水砖墙，花岗岩石墙，内部墙壁上部有彩绘壁画。

凤岩古庙为深圳及港澳地区重要的佛教圣地。建于明朝弘治戊申年（1488），后经多次重修，庙内供奉观音菩萨。在凤岩古庙旁，有一处凤凰山石刻群，由"凤舞石刻""净瓶洒露""莺石点头""良极文公拜石""饭熟菜香""瓣香精舍"等碑刻及摩崖石刻组成，为从明代至民国时期陆续

凤岩古庙为深圳及港澳地区重要的佛教圣地。建于明朝弘治戊申年（1488），后经多次重修，庙内供奉观音菩萨。

题写的雕刻。"凤舞石刻"相传为明代凤凰岩古庙僧人用稻草蘸墨挥写而成。

　　望烟楼的传说是根据福永汉族民间传说故事整理而成，该传说讲述的是抗元将领文天祥的侄孙文应麟在福永体察灾情、乐善好施的事迹。传说文应麟于元朝大德年间（1297—1307）因不满元朝的统治，随祖辈流落到福永大茅山脚下，并在此繁衍生息，开村立业。文应麟当时作为一个热血青年，有远大的理想抱负，带领文氏家族艰苦创业，因此家道日益殷实。他非常憎恶元朝外族统治，同情百姓遭遇，常常接济穷人。平时不方便外出了解百姓情况，为此他想出了一个体察民情的方法，即每到灾年，他便爬上凤凰山顶，看看山下村落各家各户烟囱是否冒烟来判断其是不是断粮。如果望见山下农户家烟囱冒烟，说明家里没有断粮；如果望见山下农户家烟囱没有冒烟，说明其家里已经断粮，无米下锅，就会派族人上门送粮，接济他们。老百姓对他感激万分，称他是大慈大悲的活菩萨。而他为了瞭望方便，干脆在凤凰山巅搭建了一座临时的望烟台，傍晚就在望烟台上瞭望四周村落，以便及时了解民情，接济穷人。如此义举深得民众称颂，后人为纪念这位乐善好施、关心民众疾苦的义士，便在凤凰山顶临时搭建瞭望台的地方建了一座望烟楼。文应麟为了大众的福祉，还在凤凰山上捐建了一座观音庙，以便后人参拜祈福。为纪念文应麟的善举，人们还把流传的这一段佳话编成故事，教育后人。2007年，凤凰民间故事"望烟楼传说"被列入宝安区民间传说类非物质文化遗产名录。2009年7月，"望烟楼传说"入选广东省第三批非物质文化遗产名录，传承人为文宝驹。

据《宝安民间文学集成》记载，"麻篮仙印"传说距今已有700多年的历史，该传说记录抗元将领文天祥的侄孙文应麟在福永大茅山脚下开村立业、矢志报国的理想抱负和乐善好施、关心民众疾苦的善行义举，得到了观世音菩萨的认同，其在现凤岩古庙右侧的大石头上留下一圈清晰的竹篮印痕和两对三寸金莲的脚印。经文氏后人传说，周边地带的人都争先恐后前来观看，一时大茅山人声鼎沸，众多信众前来朝拜，成为远近闻名的仙山。白衣观音被文氏后人供奉在山洞里，观音显灵的石印被后人尊称为"麻篮仙印"。现每逢年节，文氏后裔自发汇聚观音显灵的石印遗址举办活动，表达对白衣观音的敬仰之情，同时也通过集聚族人讲述白衣观音及先祖理想精神和美德义行，激励后人继承遗志，把爱国爱乡、匡扶邻里、团结互助的美德和传颂先祖义行、凝聚族人情结的习俗不断地传承下去。"麻篮仙印"的传说与历史名人文天祥联系紧密，是深圳地区文天祥事迹的承载地点。文应麟与凤凰山、凤岩古庙、试剑石、望烟楼等人文景观紧密相连，有着很高的旅游开发价值。每年成千上万的人到凤凰山观光、休闲，在创造可观的经济价值的同时，也带来相当的社会效益。"麻篮仙印"的传说传承了700多年，深远地激励和教育着文氏后人，已成为文氏后人精神信仰的传承和寄托，并对研究当地村风、民俗具有很高的参考价值。2014年7月，凤凰民间传说"麻篮仙印"被列入宝安区民间传说非物质文化遗产名录。

燕川村

　　燕川村位于深圳市宝安区燕罗街道燕川社区，就在街道办事处的西边。相邻自然村有罗田村、塘下涌村、山门村，北面有罗田林场，与东莞市大岭山镇接界。该村地处丘陵地带，村内有金谷山、天鹅山、圆头岭、鹧鸪岭等，海拔最高约70米。洋涌河流经该村南面。

　　燕川村陈氏一世祖陈朝举，南宋后期从福建侯官（今属福州）迁居广东东莞归德场涌口里（今沙井街道衙边一带）。元代初期，朝举长子康道系五世祖陈友直开基燕川，族群逐渐发展壮大，形成燕川村，至今传至第30代，立村逾700年。据文献记载，燕川村原称"燕村"或"燕邨"。燕川之名的由来，有几个传说故事。其一，燕川之川是因村前有一河流，即今茅洲河，故名。当地有"三丫流埋归一丫，唔中状元中探花"的俗语。三丫分别指鹅公岭、莳禾权、瓦窑，三丫分布有如燕子形。另有一种说法是：族人目睹燕子成群筑巢落户家中，不忘先祖朝举公河南颍川故地，取燕子之"燕"和颍川之"川"字，合起来称作燕川村。

　　燕川村是广府村落，现存广府民居60余间。其中二区28号民居较有代表性。该建筑坐北朝南，三开间、三门、二进深布局。凹斗式大门。硬山顶，船形脊，两面坡，辘筒灰瓦覆顶。门额有灰塑。砖木石结构，石砌墙裙、墙角、清水砖墙。

陈氏宗祠，又名朝举公祠，是燕川村陈氏总祠，始建年代不详，清光绪二十二年（1896）重修，占地面积924平方米。宗祠坐北向南，为面宽五间、四进深、三堂两横、带后枕杠间的布局，建造精美，布局严谨。大门两侧有对联"门环燕水，祠对麟峰"。后堂屏门石柱有对联"源洛阳本闽侯徙珠玑分布燕荷沙三派宗枝同竞秀，入枢密参政议擢科第友恭道适运一堂花萼永联辉"。中堂木柱有对联"颍水振家声肯构肯堂共沐古灵教泽，德邻绵世胄群昭群穆远承朝举宗风"。神龛前红石岩石柱有对联"祠宇维新燕水源流滋大地，山川依旧麟峰日月照中天"。神龛有对联"燕翼绵长一脉三支承祖德，川流不息千秋万代荐宗功"，横批"祖德流芳"。1944年开始，根据中共中央建立抗日民主政权、进行抗日根据地建设的指示精神，广东人民抗日游击队东江纵队在东莞、宝安地区建立多个区、乡、村抗日民主政权。在此基础上，7月1日，东宝行政督导处在燕川村陈氏宗祠召开成立大会，这是广东省第一个县一级抗日民主政权。谭天度（1893—1999）为主任，何鼎华、王士钊为副主任。督导处下设政治、财经、民政、司法、宣教、税务6科以及武装部、政工队、《新大众报》社和警卫连等机构，管辖10个行政区，包括宝安4个、东莞5个行政区及梅（塘）长（安）塘（厦）区办事处，共43个抗日民主乡政府、60多万人口。东宝行政督导处成立之后，为保卫和巩固解放区，支援抗日战争，根据施政纲要的要求，进行了一系列

燕川村是广府村落，现存
广府民居60余间。

的工作。一方面把过去原有的群众组织整顿和健全起来，同时大力发展新的群众组织，如农抗会、青抗会、妇抗会等。到 1945 年 9 月 18 日，成立了全区农抗总会，积极带领全区农民进行抗日斗争和农业生产等活动。当群众已经组织起来之后，他们立即转入武装群众的工作，在各区、乡建立民兵组织，全区民兵达 7000 余人，在协同部队作战，抗击敌、伪、顽的战斗中，发挥了重大作用。1946 年 6 月，东江纵队北撤，督导处停止运作。1949 年前后至 1982 年，陈氏宗祠用作燕川小学校址。1999 年 3 月，被宝安区人民政府公布为区级文物保护单位。2001 年 6 月，深圳市和宝安区文管办出资维修后，建立宝安抗日纪念馆并正式对外开放，基本陈列为《宝安抗日烽火》，通过 100 多张珍贵的历史照片和图表、浮雕、油画、沙盘模型，反映了宝安人民为抗日战争的胜利作出的巨大贡献。

处静陈公祠，俗称五房祠，始建于明末，清代重修，2006 年由燕川村委出资重建为新建筑，占地面积 600 平方米。宗祠坐西向东偏南，主体面阔三开间、三进深。门匾书"处静陈公祠"。祠旁为锦绣园，其前部原为见兰祖厅。大门两侧有对联"仁厚万世，义德千秋"，为旧联新书。中堂石柱有两副对联"处斯事事斯明明是明非明法典承吾祖德，静则思思则学学诗学礼学儒宗训我贤孙"，"仁厚以居其心博爱以达其道高风昭万古，义德而存其志好施而见其量美誉著千秋"。后堂石柱有对联"承先启后维贤维德克振箕裘光阀阅，继往开来思敬思孝虔将俎豆荐馨香"。神龛有对联"宗承颍水源流远，裔衍太丘世泽长"，横批"百世其昌"。锦绣园大门两侧有对联"一道长廊留雅座，满园佳景佐清谈"。

守愚陈公祠，又名乡贤祠，始建于明万历四十二年（1614），清代重修，2006 年由燕川村委出资重建为新建筑，建筑面积 520 平方米。宗祠坐西向东偏南，面阔三开间、三进深。门匾书"守愚陈公祠"。大门两侧有对联"乡贤世泽，督学家声"，为旧联新书。中堂石柱有对联"郭北绕芳林高树连云纵目远山浮翠黛，祠前临艺圃繁花簇锦凝眸近水映嫣然"。神龛有对联"太丘德望传香远，颍水渊源奕世长"，横批"百世其昌"。神龛石柱有对联"千年旧物鉴古证今又焕栋梁天降福，一代新人腾蛟起凤重辉祠宇地生香"。后堂陈向廷肖像石柱有对联"事功从学术做来进士世家长焕彩，道德由文章炫出乡贤祠宇永留香"。当地传说，古代人们经过该祠时，武官须下马，文官须下轿。

素白陈公祠，是陈氏分支祠堂，始建于清后期，2000 年维修，建筑面积 213 平方米。宗祠坐西向东偏南，为三开间、两进深、一天井、两走廊布局。门额红石匾书素字"素白陈公祠"。原大门两侧有对联"素风朴厚，白日精华"。原中堂石柱有对联"溯聿肇鸿基前代燕翼贻谋祖德宗功绵世泽，看重光进列后人凤毛济美文迎武要振家声"。1924 年下半年，中共党员黄学增、龙乃武与何友逖到宝安县开展党建工作，在松岗燕川、公明楼村等地发展了宝安县第一批党员。1925 年，燕川村成立党小组，陈钿珍为组长。1928 年 2 月 23 日，在国民党白色统治的阴霾笼罩下，中共宝安县委在素白陈公祠召开第一次全县党员代表大会，到会党员代表 19 人，会上选出了中共宝安县第三届委员会，选出县委委员 9 人，候补委员 3 人。陈钿珍被选为中共宝安县委候补委员。大会结束后，召开第一次常务会。这次大会通过了《提案大纲》，决定重新组织各级党组织，进一步发展党员；加强宣传工作，创办农民学校、夜校，翻印《红旗》《布尔什维克》等党内刊物；开展农民运动，成立士兵委员会和工人运动委员会；进行土地革命，开展抗租、抗捐、抗税斗争。1928年4月，县委制定"宝安暴动计划"，并于4月下旬和5月初，在广东省委直接领导下，发动了三次武装暴动，有力打击了国民党的反动统治。这在深圳党史上具有光辉地位。1999年3月，被宝安区人民政府公布为第一批重点文物保护单位。2000年，深圳市和宝安区文管办出资维修后，建成中国共产党宝安县第一次代表大会纪念馆。该馆是深圳市爱国主义教育基地、深圳市党员教育基地、宝安区青少年爱国主义教育基地、廉政教育基地。

燕川村遗存的宗祠还有匠耕陈公祠、尚简祖厅、居简祖厅、兰轩祖厅、兰厅、介厅、洙潭祖厅、接溪祖厅、定初祖厅、清源祖厅、乐莘陈公祠、省庵祖厅、离门公厅、周停祖厅等，分布于村内各处。

私塾建筑现存7座，其中，大书坊是燕川陈氏最大的私塾。该私塾位于陈氏宗祠左侧，始建于清代，经民国及当代重修，建筑面积191平方米。坐北朝南，清水砖墙，木梁架，硬山顶，平脊结构。主要课室是两排长15米左右的房子，是燕川子弟就学的主要场所。现大书坊课室面前新贴瓷砖。其他的私塾如巽潮公家塾、秋亭公家塾、钦乾公家塾、伟俊公书塾、登元公书坊等规模较小，是支房系私塾。

碉楼建于民国初期，三层，建筑面积21平方米，坐北朝南，砖木结构，是燕川村少见的私家碉楼建筑。

寺庙以祥溪禅院最具代表性。祥溪禅院又名祥溪庵、和尚庙，位于燕川村东北角，原为白衣古庙，修建于明代，清康熙年间改建为佛教寺庙，乾隆年间更名为祥溪禅院，2001年重建，总面积322平方米。该村明代进士陈向廷年少时曾写一联"千年古树为衣架，万里长江作浴盘"描述禅院景致。大门两侧有对联"佛旨幽玄传功德，禅机浩荡沾慈恩"。大殿有对联"佛殿辉煌人杰地灵千古迹，禅功浩荡民康物阜万家春"。院内供奉如来佛、观音佛、弥勒佛、韦驮尊天菩萨、土地神，立有4块碑刻，分别为：乾隆四十四年（1779）的《重修祥溪禅院序》，同治八年（1869）的《祥溪庵重修序》，光绪二十六年（1900）的《祥溪禅院田碑记》，详述禅院兴废始末及其田亩和捐赠者等以及2001年集资捐助名单碑刻。此外，该村还有禾花妈庙坛、石狗公庙坛、北帝庙、三界庙、龙女庙、文武庙等寺庙建筑。

古驿道以燕川村守愚陈公祠为起点，向北到达东莞大岭山，在康熙、嘉庆版《新安县志》中称为"莲花径"。这条"往来官路"非常重要，明、清两代均派官兵护卫。乡人陈岳灵（清乾隆例贡生，即援例捐纳的贡生）有《莲花径》诗云："山径肇芙蓉，穿云路几重。沿崖摩两壁，迭磴走千峰。瀑响微惊雨，泉声半入松。只今幽僻地，官马亦来冲。"此次发现的是其中一段，位于燕罗林场内，现已修成柏油马路，宽4米多。

黄麻布村

　　黄麻布村位于深圳市宝安区西乡街道黄麻布社区，距街道办事处 12 千米。西邻福永街道凤凰村，北接光明区，南靠九围村。村旁有凤凰山，海拔 320 米；主要河流有九围河、黄麻布河。水库有九龙坑水库和担水河水库，主要用于本村灌溉和饮用水。

　　黄麻布村是客家村落，始建于明末，由河南、江西、福建及广东人南迁而形成。曾用名黄麻埔，因村民嫌村名繁琐，改为黄麻布村。主要姓氏有罗、冯、余等大姓，其中罗姓是清朝时从广州迁移至本地的。

　　黄麻布古村，坐东南向西北，山环水绕。村中传统民居为客家民居，现存约 80 座，修建于清朝。客家民居排列较为整齐，巷巷相连，四通八达。屋顶密桁密桷，盖双层瓦，屋内墙体用白灰拌红糠涂抹，冬暖夏凉。村内有基督教堂 1 座、天主教堂 1 座、小佛庙 1 座。碉楼有 3 座，修建于清末民初时期。碉楼上部的四角，一般都建有突出悬挑，俗称"燕子窝"的结构，碉楼四墙开设了向前和向下的射击孔，以抵御外敌。

2000 年 5 月，宝安区开展文物普查，在黄麻布村东大王黄田山发现一处新石器时代古文化遗址，总面积 1500 平方米。在地面调查中采集到磨制石斧 1 件，夹砂灰黑素面陶 20 余片，可辨器形有罐。由此可见，早在新石器时代黄麻布村一带就有人类活动的迹象。

黄麻布基督教堂在尾背山，1903 年建，由万福新传道主持教会工作。1941 年至 1947 年期间，曾在本堂工作过的张达英传道主持教堂工作，其后由刘伟业传道接任。1951 年到 1952 年土改期间，聚会暂停。土改后，教会重新恢复聚会，至 1966 年"文革"开始，聚会再度停止。1982 年改革开放初期，聚会在家庭重新开始，1985 年归还教产，1988 年 8 月政府批准复堂。2003 年 10 月，决定在教堂旧址拆建新堂，新堂于 2006 年 9 月 12 日启用，楼高 30 米，主体四层，建筑面积 1250 平方米。

黄麻布天主教堂始建于 1912 年，1993 年 11 月正式登记。教堂占地面积约 200 平方米。

黄麻布村在清末民初是一个重教尚武之地，村里的教堂开办小学，为村里的儿童提供上学读书的机会。1938 年抗日战争期间，牧师洪宝灵因为拒绝日本兵进入教堂骚扰，被日寇所杀。

广府排屋、客家围与碉楼，还有教堂……一如水聚成湖，黄麻布古村历经百年风雨沧桑，三种建筑风格不断集聚，三种文化互相采借，成就了黄麻布古村不可复制的特色，为宝安保存下一个客家、广府和西方文化交融的难得样本。

黄麻布古村，坐东南向西北，山环水绕。村中传统民居为客家民居，现存约80座，修建于清朝。客家民居排列较为整齐，巷巷相连，四通八达。

洪田村

洪田村位于深圳市宝安区新桥街道黄埔社区，距街道办事处 4.9 千米。相邻自然村西北有南洞村和黄埔村，南有福永凤凰村。地貌以丘陵低山为主，东边有火山，主峰海拔高 330 米。主要河流为上圳河。

该村始建于明代中晚期，本村主要姓氏为冼姓，因冼氏族人从广州搬迁于此发展繁衍而形成。据康熙版《新安县志》记载，明代属新安县恩德乡三都。

洪田村为广府村落，分为老村和新村。冼氏宗祠在老村，始建于清朝，于 1996 年重修，布局为三开间、两进深、一天井，占地面积约 300 平方米，砖木石结构，清水砖外墙，硬山顶，两面坡。

洪田新村在老村的南边，又叫洪田围，建于晚清。围屋坐东朝西布置，后靠山冈，前有人工挖掘的风水大池塘，风景优美，环境幽雅。围内建筑由炮楼、民居、家塾、古井、古树等组成，房屋四周还有古树环绕。围内房屋结构基本相似，单体建筑均为广府式民居，呈三横三纵排列；炮楼位于中轴线北侧偏西，外围用三合土夯筑高大的围墙。整体布局严谨，宛如城堡。房屋主体为砖木结构，主要承重墙体用三合土夯筑，外墙再用青砖将三合土墙包砌，俗称"金包银"，此为深圳地区所独有。室内用简单的木作梁架，内墙用白灰抹面；小青瓦屋面，蝴蝶瓦口，无多余装饰，显得简洁大方，朴实敦厚。洪田围是沙井地区现存较为完整的广府围屋式民居建筑。

洪田围前面还有一座古井，建于光绪十七年（1891）九月，井边用长短不一的石条铺成，井旁的地面上镶了一块石碑"光绪十七年九月"，碑文有些模糊。现存私塾（学堂）有文明祖家塾，始建于清朝嘉庆十年（1805）。

洪田村的后面就是望天狮山，从洪田这个方位望去，山似圆锥，树木葱郁，怪石嶙峋，原来叫尖峰顶山，当地人称它为火山。登上山顶，让人顿觉心旷神怡，鸟瞰四周，沙井街道村庄尽收眼底，远眺可见珠江口海湾水天一色，近看可欣赏火山地貌的奇特景象，有"一览众山小"的感觉。与该山紧紧相连的是旗山，沿着山脊南行就可以来到这里，远处是巍峨的凤凰山，山麓的东南是七沥水库，西南是屋山水库。

抗日战争时期，东江纵队常在这一带开展抗日斗争，这是沙井唯一的革命老区。抗日战争期间，这里是游击队开辟的敌后根据地。说是"敌后"，实际上这里距离日军占领的新桥大村仅有4千米，经常受到日伪军的骚扰，国民党顽军也常来偷袭我游击队。1942年7月，奉命到洪田村做民运工作的朱金玉为了掩护战友，不幸被捕，宁死不屈，被敌人杀害在乌石岩沙河坝簕竹头。1944年，日军加紧对游击区的清乡，妄图消灭抗日武装。游击队为了不连累群众，采用"敌驻我扰，敌进我退"的游击战术，与敌人展开斗争，常常忍饥挨饿。有一次，游击队员20多人被困在火山上，七天六夜没有吃东西。幸亏几位妇女上山砍柴发现了他们，回家煮熟两担番薯，送上山来，游击队员才渡过这个难关。由于叛徒告密，日军纠集伪军，对我游击区发动了大扫荡。游击队接到宝安西路片联乡办事处的命令，分三路撤退。突围中，一路在新桥与敌人交上了火，4位游击队员牺牲。另一路在万丰与敌人相遇，一名队员为了掩护战友转移，不幸中弹身亡，献出年轻的生命。牺牲的5位队员被安葬在火山上。同年12月，游击队奉命攻打沙井。敌人凭着依山傍水的坚固工事，负隅顽抗。我游击队牺牲了20多位同志，其中有两人为外籍同志，因不知姓名，也被安葬在洪田火山。由于他们是从外地转战到东江纵队的，没留下姓名，牺牲时，人的不过30岁，小的只有十五六岁。2006年，沙井街道办将洪田七烈士墓移至现洪田烈士纪念碑内，重修墓葬，立碑纪念，同时一并将在此地牺牲的另20多位同志的姓名铭刻于碑上，以作纪念拜祭。洪田烈士纪念碑已成为缅怀先烈、进行革命传统教育的一个场所和爱国主义教育基地。

　　建在火山山腰的慈云寺是一所古老的寺庙，又名慈云阁，始建于清乾隆年间，距今已有200多年历史。清嘉庆版《新安县志》记载："慈云寺在新桥尖峰顶山，内有石洞，洞中有石，如神像，旧传仙石于一夕飞来。乡人由是建慈云阁于其上，至今祷祀多灵异云。"相传火山的山腰上原有一个石洞，洞中有石如神像，说是在一天晚上飞来的，是一块仙石。于是，当地人就在这里建了一个佛阁，人们到这里烧香拜佛，据说很灵验，常常出现神奇的祥云，因此取名为慈云阁。明清时期，南头到东莞的官道，经西乡、固戍、黄田、福永、岭下（今凤凰村），从此山下经过，然后经莲花径去莞城。来往的客人常到此寺歇脚、投宿，此寺一度香火鼎盛，是饮誉地方的佛教道场。民国初年，随着宝太路的开通，慈云寺的香火一落千丈，庙宇也逐渐荒废失修，杂草丛生，只剩下残垣断壁。2003 年，为弘扬先烈革命传统，深化人文环境建设，有关部门规划建设了洪田火山郊野公园。

第二章　深圳风物志·第二辑·村落往事卷

龙 华 区

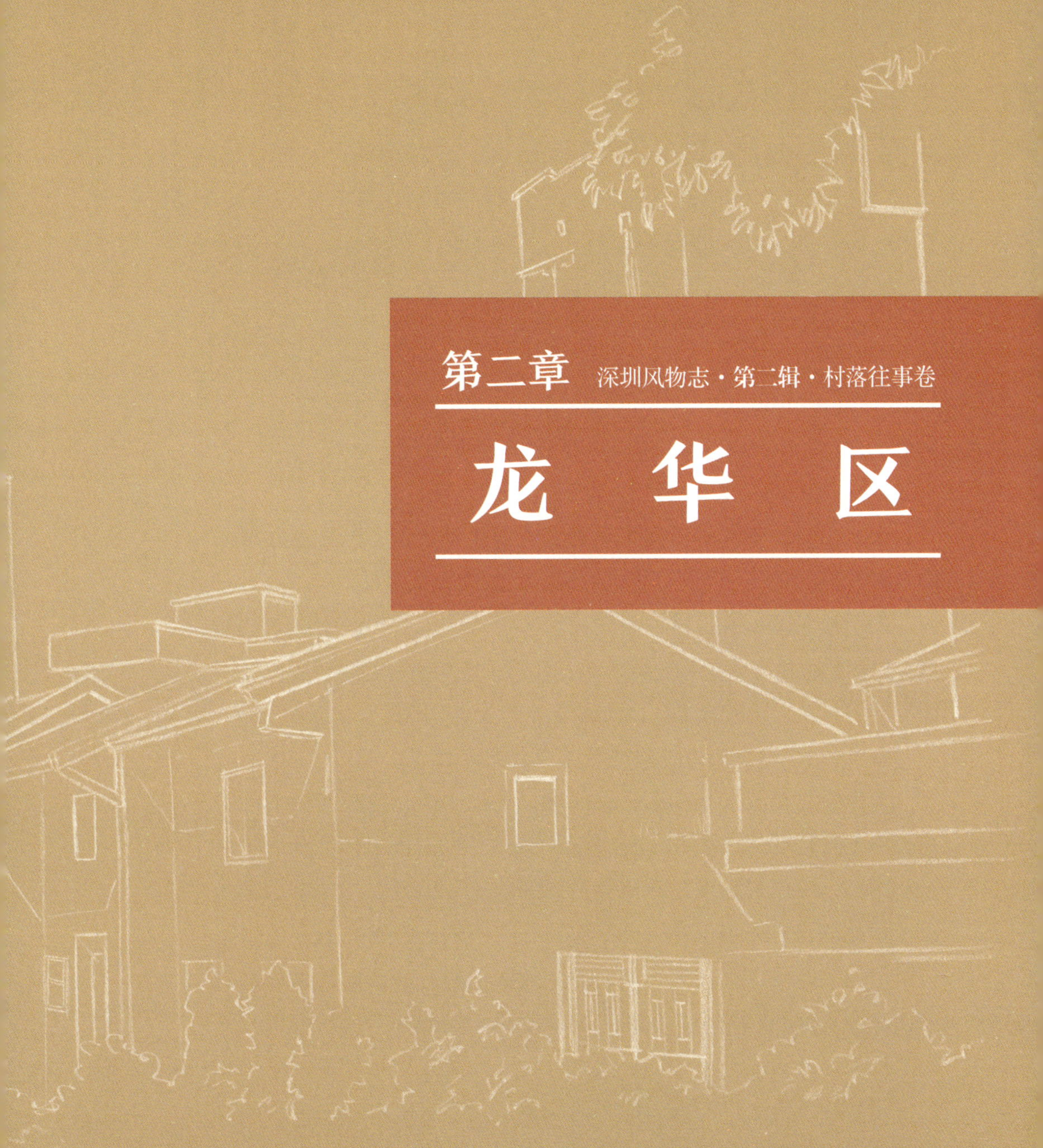

大水田村

　　大水田村位于深圳市龙华区观澜街道牛湖社区，距街道办事处约8.3千米。相邻的自然村落有牛湖村、东莞天堂围村。

　　关于村名的由来，据说早期此地四周环山，有一条小路通往外界，村前一片良田，长有一棵大树，人们习惯将该村称为大树叾村；因其地势低洼，雨涝积水，后又逐渐被称为大水田村。

　　整个村落分为西区的大水田和东区牛湖新围场。

　　大水田村是凌氏客家人的聚居地。清代中期，凌氏四兄弟自广东省平远县迁居观澜牛湖，其中三个落户于今大水田村，一个落户于新围场。陈氏家族迁居新围场的时间约比凌氏晚二三十年。这一点在本地陈氏族人那里也得到了印证。由于陈氏家族在新围场的人口繁衍越来越多，凌氏最终全部迁到大水田村。新围场的陈氏宗祠后面左侧那间小小的凌氏家祠，据说始建年代最早，大水田村的凌氏宗祠就是从这里分出去的。大水田村并非凌氏家族创建，原为本地讲围头话（宝安广府人）的张氏家族所建，后来本地的客家人越来越多，凌氏家族华侨众多，经济富裕，就陆续出钱买下了张氏所有的房舍，张氏家族最终迁离本地，凌氏家族在原有房舍的基础上不断修缮、新建。如今所见的房屋多数是清晚期及民国时修建，比新围场的大部分房屋年代较晚，加之凌氏家族的经济实力普遍比陈氏家族强，因而建筑物更讲究，保存状况更完好。

凌氏宗祠位于村前排屋的中间，为一开间、二进深、一天井建筑，正门横额书"凌氏宗祠"，前堂有船形正脊和飞带式垂脊，垂脊前面作狮子彩塑装饰；上堂正脊作红彩博古脊头装饰，有飞带式垂脊。前堂后面和上堂均挂有木雕彩绘封檐板，上堂封檐板居中雕刻有"厚安堂"字样。上堂檐下作直楞雕花横批，下饰角花，两侧有彩绘花卉题材壁画，上堂里面遍饰彩绘壁画和诗文。天井两侧墙内有花木、瑞兽题材的彩色泥塑，细腻考究，已残缺不全。

凌氏炮楼位于村北角，六层，为天台铳斗式，天台围墙其中相对的两面居中加筑拱形山墙，砌两面坡瓦作棚顶，山墙两头作宝顶装饰。天台外沿饰以红色色带。铳斗为天台四面居中式，开方形、长方竖形、长方横形射击孔。排水口为本地常见的锦鲤吐珠样式。该炮楼保存情况较完好，现经版画基地修缮一新，可开放给参观者登楼游览。据本村老人介绍，该炮楼原来还连着一座家塾，为凌氏华侨集资修建，1949年前，本村凌氏子弟皆可免费入读，家塾现已坍塌。

凌贤辉炮楼位于村东南角院墙内，五层，始建年代约为1911年，从建筑物的新旧程度来看，在三座炮楼中建造年代应该是最晚的，为天台铳斗式，天台四周筑栏墙，其中相对的两面居中加筑"大幅水"造型山墙，砌两面坡瓦作棚顶，山墙两头作宝顶装饰。铳斗为天台四面居中式，开长方竖形射击孔。外观造型及装饰为中西合

关于村名的由来，据说早期此地四周环山，有一条小路通往外界，
村前一片良田，长有一棵大树，人们习惯将该村称为大树田村；因
其地势低洼，雨涝积水，后又逐渐被称为大水田村。

璧风格，天台外沿有红色色带，筑在山墙上的两个铳斗作六瓣几何花及宝顶装饰。该炮楼保存完好，建筑造型艺术在三座炮楼中最为气派讲究，现仍属私人业主所有，不对外开放。

牛湖新围场以陈姓客家人为主，还有凌、谢、李、张、林等姓氏。据观澜《陈氏族谱》记载，陈氏龙门世居被当地人称为牛湖新围场，以区别于附近的牛湖老围，居民以陈姓客家人为主，过去还曾居住过凌、谢、李、张、林等姓氏；相传越公的两个儿子文郁、文相为新围场的开拓者，至今有近三百年的历史，在文郁、文相二公定居之后，清乾隆年间迁自广东五华、后世发展为观澜望族的振能公系陈氏家族的振玖公和振芹公的部分后裔，及其他姓氏的客家人也陆续迁入。

陈氏龙门世居原是一座方形围村，围内房屋为古代宝安地区典型的飞带式垂脊排屋，围村大门有"龙门世居"匾额，故又名"龙门围"。后因人口繁衍，又在围村南面新建房屋，逐渐形成今天所见之规模。村前有风水塘（现已填平建成版画工坊），后有山林，环境清雅优美，围内巷道纵横整齐，房舍高矮错落有序，原围村四角建有炮楼或门楼，设两三个大门供村民出入，村前有包篱连接水塘，防盗功能完善。据当地老人回忆，中华人民共和国成立前，龙门围和大水田村各有两座炮楼，以钢索相连，人可通过钢索滑动于炮楼之间，两村守望相助，防御工事一体化。现钢索早已拆除，龙门围如今只剩下一座残破的炮楼。

龙门围的"围"已不存，至今仅存围门，位于村西角，为两面坡瓦顶门厅建筑，横额书"龙门世居"四个大字，两旁有彩绘壁画及诗文。屋顶有船形正脊和飞带式垂脊，正脊残存狮子造型泥塑。

　　陈氏宗祠位于村子第一排房屋中间，修建于 1926 年，是一座三开间、三进深、二天井的建筑。据本村老人回忆，当年的陈氏宗祠雕梁画栋，泥塑壁画，古诗名联，富丽堂皇，神龛雕工精致，色彩斑斓；祠内有厨灶，娶亲用的花轿、锣鼓和台凳桌椅等整套庆典用的器具都存放在宗祠内，逢年过节或操办喜事，全村热闹非凡。在 1950 年后，这些器具基本上被村民分掉或被毁弃，至 1966 年又遭逢大劫，宗祠内的神龛、神主牌等全部化为灰烬，雕塑壁画亦荡然无存。

　　陈氏宗祠后面左侧还有一间小小的凌氏家祠，为一开间、二进深、一天井建筑，正门有"凌氏家祠"匾额，两侧饰有精美壁画，为人物、花鸟等题材。

　　陈氏龙门世居炮楼位于村北角，五层，较低矮残旧，为天台铳斗式，样式简单，铳斗为天台对角式，开长方横形射击孔，天台外沿有蓝色色带，无其他装饰，非常朴素。内部结构多已灭失，较破败，现为危房，已关闭。

松元厦

松元厦位于深圳市龙华区观澜街道松元厦社区，是由中心村、上围村、向西村、河南村几个村落构成的一个客家古村落，始建于清乾隆年间。坐西北向东南，占地面积 25796 平方米，其中古建筑面积 7447 平方米，现在保存较为完整的古代建筑有 67 栋 163 间。古村沿古河道依山而建，房屋的墙体建筑大多使用三合土夯筑，灰瓦盖顶，整体房屋布局不很规整，村中最有代表性的建筑是振能祠堂。

村中还有 4 座碉楼，修建于清朝晚期和民国初期。最有影响的建筑是附近的振能中学，创建于 1914 年，采用近代楼房建筑与客家碉楼相结合的技术，融合了中西方建筑技术和艺术，现在还在使用，反映了客家人崇文重教的传统。

据《松元厦陈氏族谱》记载，陈振能，原籍长乐（今梅州五华县）栅径里，出生于康熙三十二年（1693）。栅径里是一处很小的山坑，山陡地瘠，交通闭塞，振能公几兄弟和几家近亲在这里耕作，始终无法摆脱贫穷落后的境况。到乾隆十六年（1751）时，振能公的长子俊儒（生于雍正元年，即公元 1723 年）已经 28 岁，其弟俊仕、俊科也已长大成年，但三兄弟均因贫困而无法成家。振能公深感栅径里再无发展余地，于是决定外迁。他携妻曾氏，子俊儒、俊仕、俊科，胞弟振琮，一行人出长乐，过紫金，经惠州，抵达东莞塘头厦、龙岗新山堡等地。新山堡的风水很好，传说振能一族如果在那里落脚，后代会像"一斗芝麻"那么多。但是，那里有个强悍的寡妇，不愿意让振能公等人落脚，想方设法地把他们赶走。之后，振能公等人来到新街的坪洋，但这里的草场地不够宽阔，作为安居之地不够理想。他们又来到宝安县（原属新安县）观澜镇的七都洞，发现此处背山面水，青松遍地，人烟稀少，而且"东有梧桐（山）凤凰飞舞，西有羊台（山）龙腾虎跃"，是一块风水宝地。于是，振能公带领众人在背夫山边苍翠的松林下搭起茅寮，并在竹竿搭成的门楼上书写"松园厦"作为雅居之地名。"松园厦"三字，后演变为"松元厦"。七都洞之名，反而几乎被人忘记了。

松元厦上围村，有振能陈氏的总祠。据《松元厦陈氏族谱》记载，上围这座祠堂在开基祖振能公的手上就已修建。今天看见的上围，是 1926 年重建之后的建筑。族谱上还说，1926 年重建祠堂时，还挖掘出一块振能公的牌位，上面写有振能公的生卒年月日。在此之前，族人们是不知道振能公具体的生卒年月日的。于是有人提议，应该每年在振能公生日这一天合族庆祝。这个建议迅速得到众人的响应。从此以后，每逢农历九月二十日振能公的"祖诞日"，松元厦村陈氏都要举行隆重的庆祝活动。祠堂坐西北朝东南，三堂两横的布局，由上、中、下三堂及两侧横屋组成。建筑通面阔约 60 米，通进深约 35 米。祠堂门前有一个占地面积约 2000 平方米的大水池。从这座祠堂的平面布局上看，它和梅州地区的客家围龙屋是比较接近的，尤其是在横屋与堂屋的配置上。不同之处，其一是门前的池塘。梅州地区的客家围龙屋，门前常有一个半月形的池塘。而上围门前的池塘，则像是一个被削掉一角的椭圆。其二，是围龙屋的后面有化胎和半月形的围屋，这两部分都是松元厦的上围没有的。

松元厦的村落变迁，基本上是以振能家族的老屋（也就是祠堂）为核心，围绕着背夫山而扩展的。村落的发端是祠堂及周边排屋，依托背夫山，紧靠祠堂发展出上围。村落的发展是以背山面水为选址原则，首先是布局紧密、朝向统一的中心村和向西村；随后是河对岸布局、朝向相对自由的河南村。中心村无围墙，房屋布局、朝向统一，没有单独的"小太公"，后代中大房、二房、三房的子孙都有，村内只有一口水井。向西村也没有围墙，全村布局为背靠背夫山，房屋布局、朝向统一，小太公是第四代的"天华公"。

向西村"天华公"的后代中，有一位叫"国宝公"的，其后代是振能家族里较大的一支，其田地、山地多，出国的人也多。

河南村的地势比河北边低，所以要更注意防洪。比如，天养小围有高1米左右的夯土围墙，这个高度的围墙是起不了防御作用的，主要功能是防洪。天养小围的大门也开在西边，避开了水流的来向，也是为了更好地防洪。

除上述主体部分之外，松元厦还有太兴、大布头、河沥背等自成群落的居住组团。

1911年，在世琴、世芬、桂森等族中长老的提议下，村子将九间私塾合并办学校，校址设在永修斋，校名定为永修小学，并实行新式教育。为鼓励读书，各房均以"学田"收益设奖学金。到 1924 年，学校的学生已达 100 多人，校舍不敷使用，经桂森、世琴、辅发等人议定，新选校址于大布头山边，永修小学易名为振能小学。侨居美洲、大洋洲、东南亚等地的侨胞热烈响应捐资办学的倡议。1929 年，振能学校新校舍建成，邻近地区的大批青少年均慕名前来就读，共有学生 300 多人。这种盛况与 1924 年《宝安学会杂志》所载的时势形成鲜明对比：当时的宝安，不少学校因不能招生而停办，学校总数减少了三分之一；"县立第一高小，学生不及三十人；西乡国民学校，今年只得学生五人"。

抗日战争期间，宝安县的所有公立学校都停办了，但是振能学校仅在 1938 年停办一年，1939 年春又复办了，抗日战争胜利前夕还办起了升中班，学生人数达到 400 多人。1946 年，族人在振能学校里又办了振能中学，这是宝安县继两所公立中学之后的第三所中学。1949 年，全校共有中学生 243 人，小学生 500 多人。

贵湖塘老围

　　贵湖塘老围位于观澜街道桂花社区，为观澜客家陈氏家族所有，是深圳市比较古老、保存较完整的一处围村。它地处观澜古墟和观澜湖国际高尔夫球场之间，可与上述两个景点连成一体，形成一条客家民俗文化旅游线路。

　　据《陈氏族谱》记载，清朝末年，陈振能第四代嫡孙陈寿华举家迁徙来到贵湖塘，开始大兴土木兴家立业。村前有一个塘，因而取名贵湖塘，沿用至今。

　　贵湖塘老围始建于清代晚期，陈氏族人为防匪所建，共有50栋房屋136个房间，占地18130平方米，有祠堂1座、书室1座、围门1座、炮楼1座。

　　贵湖塘老围背靠赤岭山，门前有一个天然水塘，深近10米。这里虽距离松元厦仅千米之遥，但由于周边没有村落，经常有土匪、窃贼出没，闹得村里鸡犬不宁。于是，陈寿华召集四个儿子商量如何保卫家园。清末民国初年，他们在村子四周建起了高4米、厚约0.66米的围墙。外墙的东南角建了一个门楼，仅供本村村民出入。为了及时发现土匪、海盗以及邻村宗族的敌人，村庄后面还建了一座碉楼，用作哨所。

当年，陈寿华号召村里全部青壮年男子一起建设这堵墙和门楼。他们先造了10多块2米高、4米长、5厘米厚的木板，将其竖立起来，做成两排。两排之间距离80厘米至1米。然后分别用木架将其支撑防止被风吹倒。同时，另一批人开始制作三合土，然后将三合土倒入两排木板之间，众人一齐用巨大的木槌向下使劲捶，将其夯实。起初三合土由石灰、黄土、沙子组成，为了提高三合土的黏性，陈寿华想到把甘蔗压出的糖水倒入三合土，使其黏性大大增加。经过一年多时间，这堵高4米、厚约0.66米的围墙终于建成。

在中国传统建筑文化中，大门是最为讲究的。贵湖塘客家围屋的大门与众不同，门在南墙东边，门框由整条麻石条砌成，中间没有一丝缝隙。门框内侧各有一排方形的石洞，位于大门的后面，共有20个，石洞四角以及墙壁比较光滑。这是当年为了防止土匪、其他宗族势力破门而入设置的第一道屏障，把方形的木柱全部插入两边石洞，就形成了一排门闩，与坚固的大门构成了一道厚实的门墙，这样的大门很难被撞开。

与其他客家人一样，为了保护自己的家园，陈寿华族人还在西北角建筑了一座碉楼。这座碉楼共有6层，高约20米，四面都有炮眼，共有5个，站在碉楼上从炮眼处向外看，方圆数里一览无余。在民国军阀割据时期，观澜、东莞一带有很多各自为王的军阀（实际上就是土匪）。有一次，一群从东莞来的土匪准备进村里抢财物。站在碉楼上的哨兵发现后，立即通知村里的男丁把大门关上，纷纷拿

贵湖塘老围位于观澜街道桂花社区，为观澜客家陈氏家族所有，是深圳市比较古老、保存较完整的一处围村。它地处观澜古墟和观澜国际高尔夫球场之间，可与上述两个景点连成一体，形成一条客家民俗文化旅游线路。

起武器准备抵抗。土匪来到高 4 米的围墙前，趴在墙上的居民就用石头砸他们。几名土匪试图用刀插入墙缝，但墙上根本没有缝隙，怎么插也插不进去。因为墙太高，根本无法翻过去，土匪只好放了几下空枪逃跑了。

陈氏宗祠位于前排房屋中间，正对南围墙内"吉星拱照"神位。祠堂为客家人祠住合一样式，单开间、三进深、二天井建筑。祠堂大门下设左右两个方形抱鼓石。麻石条门框内有菱形插孔，插红漆方木条。后堂为祖公堂，设贵湖塘陈氏开基祖先牌位及历代祖先集体牌位。据《陈氏族谱》记载，民国十五年（1926），全村召开会议，商讨重建祖祠，得到全村人及旅居海外的陈氏族人响应，半年共募集银元一万多。一年后，祠堂落成，金碧辉煌，墙上丹青异彩纷呈，雕梁画栋，翘檐飞角，令人叹为观止。

私塾位于围村后部东北角，为三开间、二进深、一天井、带骑楼建筑。私塾是整个村庄最讲究的一处建筑，也是唯一正脊带脊饰的建筑，前后堂正脊皆有博古装饰。在这个两层高的小瓦房里，陈氏家族曾培养出许多人才。同时，私塾还用于祭祀、寿诞以及喜庆设宴。

九如别墅是一栋三层办公楼，因每一层的屋檐用仿琉璃瓦建造，其外观有点像古典建筑，所以称为别墅。这栋楼是旅居香港的陈绍英带头捐款建的。1989 年初，在香港已有一定产业的陈绍英回观澜祭祖时，发现村里没有一栋像样的办公楼，在家的老人生活比较单调，于是就号召村民齐心协力建设一栋别墅供老人娱乐。在他的号召下，村民纷纷捐款。陈绍英捐款最多，他前后共捐款 10 多万元，为别墅购买了一些生活用品。1990 年，该大楼建成使用。

贵湖塘老围的房屋外檐装饰多朴素无华，有小部分房屋在门斗檐下、山墙等部位饰以彩绘壁画或色带，也有中华人民共和国成立后将廊顶改为天台的，在天台外檐施以彩绘壁画装饰，有山水、花鸟、诗文等题材。从彩绘与房屋的关系来看，其装饰多数年代较晚。部分房屋的排水孔做"锦鲤吐珠"和"财源广进"彩塑装饰。

贵湖塘老围是宝安地区现存较完整、保存规模较大、功能较完善的传统客家民居村落，为研究深圳地区客家民系的迁徙史，客家民系风俗、文化、社会政治经济形态等提供了完整的实物资料，具有重要的历史价值。老围村内的房屋全部是清代晚期的建筑，建筑布局合理、结构紧凑，建筑技术成熟而富有特色，是研究深圳地区建筑技术史和建筑民俗一本难得的实物教科书，具有重大的文物价值。2005 年 2 月，被深圳市宝安区人民政府定为宝安区文物保护单位。目前，已经被列入全区 11 个古村落整体保护规划之列。

老围村

　　老围村位于深圳市龙华区观澜街道君子布社区。君子布社区是一个较为边远的社区、革命老区，全社区总面积3.14平方千米，东邻东莞市凤岗镇，南靠深圳市龙岗区平湖街道，西连观澜街道新田社区，北接观澜街道牛湖社区，下辖田心、老围、张一、张二、凌屋、龙兴6个居民小组，属岭南丘陵地带。

　　关于君子布名字的来历有三个说法：其一，宋时有一举子，从东莞的天堂围向君子布方向策马而走，未及进村，远远即下马伏地三拜，并嘱咐书童牵马徒步经过。书童不解，便问其故。举子说："吾观周遭行人举止谦谦，颇有君子之风，布衣豪侠之气。视天象，此处霞光万道，宛如承上天垂彩布，吉祥无比，吾等当敬重受礼。"过后，旁人窃问书童："举子言何？"童子答非所问地回复道："此地为君子布。"其二，说此处是山野远郊，适合屯田隐兵，从清代以来，地名都叫"军田埔"。因为当地都是军田，当兵的家属耕种不必交纳官税，所以称之为军田埔，中华人民共和国成立后逐步改口称现在的名字，"军田埔"谐音"君子布"。其三，历史上，观澜墟镇曾是各种布匹的集散地，附近的君子布村当时有手工织布的农户和作坊，而村中所织的布匹质量较好，做成的衣服为很多文雅君子所喜好，故布匹的来源地也被称作了"君子布"。

老围是君子布村最早的聚落区，主要居民为客家民系，姓氏有何姓、洪姓、刘姓、曹姓、温姓，都是清代从梅县迁徙而来的。

德风小学在君子布村的中心，由归国华侨万宝粦先生倡导和资助创办。校名引自《论语·颜渊》"君子之德风"。1932年端午节，德风学校正式落成。当天，学校正门楼上悬挂着归国华侨拟写的一副对联：恰五月赤帝司权，最恨热诚除暴日；念一载白驹过隙，还期苦读在青年。对联不仅表达了对新校落成的喜悦，也点出特殊的社会环境，更寄寓着对莘莘学子的殷切期望。建校初期，白区的观澜虽时有国民党特务活动，但因为君子布四周都是山的特殊地理位置，所受影响较小，所以德风学校能维持正常的教学秩序。随着战火南移，国共矛盾的扩大化，君子布不能平静了。第一任校长廖公义、个别老师如张展堂等地下党员的身份暴露，德风学校不再是单纯的学校，而演变成了号召抗日的宣传点。1938年8月24日，日军入侵君子布。绝大多数本地人逃亡香港，德风学校停办。半年之后，局势渐渐平静，学校恢复办学。不同于以前的是，校园因曾沦为日本军队操练场，遭破坏严重。学校不得不随着形势的变化，采取各种各样的教学方式来适应战争的环境。1940年之后，学校分为两个独立开课的教学小组，在村民家中授课。敌人扫荡，听见警报，学校师生就随村民转移到山沟、地洞里，扫荡之后马上集中起来上课，使学生在特殊情况下能够坚持学习。教学的课程也有所减少，只开国文、政治、唱歌、珠算等课程，很多老师根据实际情况，特别加强了民族气节教育，讲述民族英雄故事，以培养学生崇高的民族气节和威武不屈的革命精神。如当时的老师张展堂先生，常在课堂上振臂高呼：做中国的主人翁！为民族振兴不屈奋斗！更为可贵的是，他和他的两个儿子为抗日身体力行：长子在父亲的影响下，思想进步，很快加入抗日游击队，在枪林弹雨中顽强抗日，直至光荣牺牲。次子张玉文自孩童时就以小红兵的身份要求自己，帮助游击队在本地完成各种任务。1943 年，他正式加入广东人民游击总队，离开家乡，跟随部队转战华南战区。

大船坑村

大船坑村位于深圳市龙华区大浪街道，以水围为中心，除建围处地势稍高外，四周为洼地。每逢大雨，从高处看，整个大船坑就像漂浮在山坑水面之中的一条大船。

清朝康熙年间，谢氏从广东程乡（梅县）迁来大船坑，后来有曾、郑、罗、赵、彭等姓氏，分别迁来上围、老围（水围）、罗屋围、黄麻埔、岭排围等地，这几个村统称大船坑村，是龙华较大的客家村落。

水围的主要姓氏为郑、曾。曾氏最早来到水围，是新桥曾氏的一支。郑氏来自福建。

罗屋围的主要姓氏为罗、曾、郑。罗氏原籍福建省汀州府宁化县石壁洞葛藤村紫原里，明朝迁至西乡黄麻布，后从黄麻布迁徙到此。曾氏从新桥迁到水围，后迁徙到此。郑氏从水围迁来。现存客家民居 20 余间。

黄麻埔主要姓氏为郑，原居水围，后分居于此。现存客家民居35 间。村里原有文武帝宫，由大船坑谢氏三世祖谢文豹所建，供奉孔子和关公。1934 年，改作文升学校。1988 年，学校停办，改作

他用。岭排围、新围主要姓氏为谢氏。清康熙年间，谢氏从福建省宁化县石壁乡迁徙来此，谢文豹、谢锡俊建围立村，后分为上、下岭排村。清乾隆十八年（1753）上岭排村谢文豹一子谢正彩，从老围迁出，另建新围村。上岭排村现存客家民居250间。下岭排村现存客家民居100间。新围村现存客家民居200多间。

谢氏宗祠位于上岭排村，始建年代不详，占地面积40平方米，2005年重修，是上排岭村的家祠，又叫谢氏廷会公祠，供奉开基始祖谢氏廷会公。大门对联：乌衣门风，宝树家声。神台牌位两边对联：乌衣祖德千秋继，船溪世胄万世昌。

清朝康熙年间，谢氏从广东程乡（梅县）迁来大船坑，后来有曾、郑、罗、赵、彭等姓氏，分别迁来上围、老围（水围）、罗屋围、黄麻埔、岭排围等地，这几个村统称大船坑村，是龙华较大的客家村落。图为岭排围。

大船坑舞麒麟是当地有名的民间传统体育活动。大船坑的"舞麒麟"一般长六米。麒麟头部用竹片等扎成，眼睛可以转动，口部可以翕合，其身用绸布包裹，镶着闪闪发光的鳞片。新制作好的麒麟首先要"开光见青"——即凌晨时分在预先选择好的古树下烧香，供神位，麒麟队中最年长者将麒麟头上的红布揭去，敲锣鼓并鸣放鞭炮，使麒麟"出生"时便见到了青青的树叶，这是吉祥的象征。大船坑舞麒麟基本的套路共有八段，分别如下：拜前堂—走大围（圈）—双麟会—采青—游花园—打瞌睡—走大围—三拜，其中采青是最重要的表演环节。舞动时，一人舞麒麟头，一人在尾部，配合默契，把麒麟的欢喜、快乐、愤怒、哀伤、醉酒以及瞌睡、拜师等各种神态表现得栩栩如生。舞麒麟结束后有武术表演：首先是拳术，有拳打四方、饿虎擒狼、龙头凤尾、观音坐莲、鲤鱼戏水、猴子偷桃、海底捞月、扫堂腿、仙女散花、美人照镜等套路。然后是 11 套单双人持械表演：棍桩、沙刃、凳桩、铁叉对尖、白手对双刀、猴棍、光钯对内尖、二棍、拳伞、单钯、长棍。另有"飞铊"一项已失传。最后，还有接受赏礼红包等礼仪。在表演过程中，所配的乐器主要有鼓、铜锣、铜钹、唢呐。

浪口村

　　浪口村位于深圳市龙华区大浪街道浪口社区，以吴、刘两大姓为主。其中吴姓客家人的祖先约于清初来自广东梅州大埔县（当时大埔县属于潮州府）。原名朗口村，相传 300 多年前，吴氏祖先吴继旺带着妻子洪氏从梅州大埔三河坝迁移到清湖地区。因地形似大船坑，如鱼得水，改朗口为浪口。

　　吴姓家族非常重视教育，早在清乾隆年间，就在村里祠堂兴办私塾，并以祠堂堂号为校名，取名为延陵学校，招收本村子弟上学。

　　清同治五年（1866），德国巴色会牧师毕安来到深圳浪口，建成基督教浪口堂。据说，清同治初年，宝安遭遇大旱，眼看庄稼没有收成，浪口村中吴姓、刘姓两大姓氏村民便祭起了传统的法宝：求雨，请了道家的法师作法祈雨。法师们在山顶的"求雨坛"上杀猪宰羊，念念有词，挥舞宝剑东杀西砍，使尽了浑身解数，折腾了几天，老天爷却不曾落下一滴眼泪！正当众人一筹莫展之时，恰有一洋人牧师从此路过。洋人牧师拿出一个西洋器对着天上瞄了一阵，对村民们说："这样吧，我们互相帮个忙：我开始祷告我的上帝，帮

在浪口社区东北角，有一座砖木结构的青灰色尖顶两层小楼，这是基督教虔贞女校旧址。该校是基督教信义宗瑞士巴色会1891年由香港西营盘迁入浪口的女子学校。图为现在的浪口新教堂、虔贞学校和老福音堂建筑群。

你们下雨。要是成功下了雨，你们就要给我一小块地，我拿来盖教堂，好好地感谢上帝，是他救了我们大家……"村民们听了此话有些犹豫，但求雨心切，就答应了。这洋人就坐在树荫下，拿出一本经书念念有词起来，还不时地用西洋器看天。说来也怪，当天晚上就开始起风，到了第二天近午时分，就见天空雷鸣电闪，随即大雨如注！众人无不喜上眉梢，于是商议，再请"风水师"看地，决定就在自家的私塾旁边划出一块地皮来，给洋人传教士盖教堂，但必须建在村子北面，好为村民们挡住"罡气"！洋人答应了这个条件，教堂建起来了，基督教由此在浪口村传播。到了1949年，浪口已是远近闻名的"信教"村。浪口教堂历史上受到多次冲击。1917年，军阀混战，浪口教堂受到严重破坏，两名外国传教十被杀；1938年10月，日军入侵华南，教堂及学校受到一定程度的破坏；1948年，在一场战争中，虔贞学校部分被烧毁；1949年后，教会逐渐停止聚会，教堂被挪作他用。1984年，教堂恢复聚会。1986年，经宝安县人民政府宗教科批准设立聚会点。1994年12月，被批准正式复堂。新基督教堂占地面积约700平方米，建筑面积1600平方米，新教堂于2003年8月13日破土动工，2005年4月1日举行落成典礼。

　　在浪口社区东北角，有一座砖木结构的青灰色尖顶两层小楼，这是基督教虔贞女校旧址。该校是基督教信义宗瑞士巴色会1891年由香港西营盘迁入浪口的女子学校。校门为巴洛克式西洋风格，门额上"虔贞学校"四个大字依稀可辨。进入校门为两级平台，各有7、10级步级，第一级平台两侧为原校舍遗址，已被开辟为菜园；第二级平台上矗立着教学楼主楼，主楼坐东朝西，为两层拱券砖木结构，南侧高耸攒尖塔状构筑物，其上立铁制十字为标志，共有五间教室，一层三间，二层两间，单廊教室宽敞明亮。在教学楼主楼前，有一口带有护墙的水井，深约三四米，为当年虔贞女校的师生和附近教堂里的牧师及教民们的饮用水源。主楼北侧为三开间二层砖木结构办公楼，中间为木楼梯，两侧为办公室，与主楼建造年代相近。办公楼前搭建小青瓦坡屋顶，为后加厨房。教学楼主楼与办公楼之间原有门斗，可通向后院，现被封堵，后院被辟为菜园。

女校开办之初，有学生数十人，来自附近村庄及香港等地，均为基督教教民的子女。后来，生源扩大到非教民的普通村民，学校也慢慢打破了只招女生的规矩，男女生兼收，学校也因此更名为虔贞学校。孙中山在二次革命失败后曾到浪口虔贞学校短暂居住，与在羊台山的革命志士钟水养会合，经蛇口前往檀香山。在抗日战争时期，这里还是村民们的避难所，每次日军飞机来轰炸，数百名村民就躲进这座学校和基督教堂里，瑞士籍的教师就会在楼顶扯起瑞士国旗，因为瑞士是中立国，日军不敢往下投掷炸弹。该学校在最为鼎盛时，学生达数百人，教学质量很高，其培养的学生满天下，有多名当地青年从这里毕业后考入黄埔军校和保定学校，并走上了北伐的征途。20世纪四五十年代，这里走出了数十名中小学校长。中华人民共和国成立后，学校几经变迁，先后改名为姜头小学、浪口小学，1985年被合并到大浪小学后停办。

陈屋村

陈屋村位于深圳市龙华区观湖街道观城社区。相邻的自然村有东王村、福田村。该村地处山间谷地，村后有海拔约 30 米高的背夫山，清朝初期，陈姓先祖从东莞石步迁徙到此，开基立村，被称为陈屋村。

该村居民为客家民系，现存客家民居约有 150 间，建造时间为清末民国初年。排屋围村门楼保存完整，取名永兴门，门联为：永贞永吉，兴仁兴让。希望子孙发扬仁爱谦让的传统美德，家族永远平安吉祥。村后有一碉楼，占地面积 50 平方米，高约 18 米，5 层，有面积约 90 平方米的附楼。

章阁村

　　章阁村位于深圳市龙华区福城街道大水坑社区。相邻的自然村有塘前村、桔岭村、大水坑村。村子依山傍水，村后有山似象角，故取名为象角村，当地白话"象角""章阁"读音相近，故被人称为章阁村。

　　村里居民为广府民系，讲粤方言，主要的姓氏为杨氏、黄氏、张氏、潘氏。现存广府民居150间。杨氏的润德公祠建于清朝中期，2012年5月动工重建，2013年4月清明入火。三开间、两进深、一天井。大门门匾刻有"润德公祠"的字样，对联为：润深挺秀，德厚流芳。正堂神台供奉五世祖润德公，六世祖光远公、光达公，七世祖永保公、文保公的牌位。

丹坑村

丹坑村位于深圳市龙华区福城街道福民社区。因地处丹山下的山坑之地而得名。相邻的自然村有松元厦村、悦兴围村、大布巷村。

丹坑老村是福城辖区比较完整的古村落，面积1.8万平方米，具有岭南广府民居特点，每一条街巷都刻着一座城市的时光印记。村里的第一大姓为莫姓，丹坑莫家人，原本是东莞莫氏的一个分支。当年，20岁的成德公一次路经丹坑村，见此地山形起伏，观澜河侧卧一旁，周边草地肥沃，于是有了在此成家立业的念头。明朝永乐三年，即公元1405年，成德公带着新婚妻子，在丹坑开始了悠闲的农耕生活，现在丹坑村的村民就是他们的后人。第二大姓为罗姓，清康熙四十四年（1705）从东莞塘厦莆心湖迁徙到本地。

这是一个广府村落，现存民居168间。丹坑莫氏祠堂取名"泽远堂"，意为"泽公先贤雄，远流后世昌"。祠堂面积不大，里面悬挂着一副对联，上书"创业维艰，先祖备尝甘苦；守承不易，后人须戒奢华"。据《莫氏族谱》记载，莫家人在迁居观澜后，也出了好几位秀才，这几位秀才逝世后都葬在村子东边的小山上，现在这几座小山被改建成了观澜文化公园。莫家在观澜定居，一代又一代不断更迭，但莫家人依旧依据《莫宣卿状元公家训》，以书礼传家，以信义处人，堪称儒雅之门。

莫家子弟从事教育工作的人特别多，现有莫家子弟中已有校长及各类型的教师 30 多名，足可办起一所全日制小学。而"丹坑村出校长"这一说法实际上是对丹坑村人乐意投身教育事业的一种民间描述。早在 20 世纪 70 年代，村里的"老三届"们就纷纷拿起教鞭当教师，他们当中出了观澜成校和观澜二小的校长。在莫氏家族中，有不少是三代人都从事教育的家族，也有一家当中有两三名教师的家族。莫耀荣就是丹坑村一名体育教师。年轻时，他曾被评为广东省十项全能的优秀运动员，在广东省青年田径运动会上，他以优异成绩打破了铁饼项目省运会纪录。后来，莫耀荣转行从事教育工作，在龙华一个学校当了一名体育教师，丹坑村的篮球队是在他带领下组建起来的，曾创下福民乡村篮球赛十连冠的纪录。

福城目前正在谋划引入社会资源，通过文化创意，充分挖掘自有历史人文价值，传承本源历史文化，丰富当地城市文化内容，打造历史风貌区。"按照规划，这个小镇既注重延续传统，同时也要融合现代，营造新都市客厅，商业街区多规划创意零售、创意体验、艺术展览、艺术体验等业态。明年或能亮相文博会。"福城街道相关部门负责人介绍。

南　山　区

一甲村

　　一甲村位于深圳市南山区南头街道红花园社区。地处南头半岛西北部珠江入海口东岸沿海地带。相邻的自然村有龙屋村、关口村、九街村和大新村。因明清时期实行保甲制度，该村属于新安县第一甲而得名。清嘉庆版《新安县志》就有第一甲的记载，属典史管辖的村庄。一甲村在南头中学大门之南，较场之西，是个自然村。内分东、南、北、正街和一、二巷。

　　这是一个杂姓村，主要姓氏有陈、梁、林、黄、郑、王、曾、阮等。据说，一甲村原来是由池氏和戴氏开基立村。据《新安县志》记载："戴胄，城外第一甲人，乾隆三年戊午科，以《诗经》领乡荐。幼年矢志进修，家贫苦学，寒暑无间。既登贤书，狷介自守，绝不与闻外事。绛帐传经，邑中后起之秀，多出其门。选直隶河间府故城县知县，不就；改罗定州学正，与诸生朝夕讨论，而于寒士尤加体恤云。"后来，有黄氏、陈氏迁来此地，而池氏和戴氏迁往他处。陈氏20世纪30年代从公明上村迁来，梁氏和林氏是因1959年修建西丽水库从西丽篁里村迁来的移民。

20 世纪 30 年代之前，这里靠近南头关口，扼水陆交通要冲，村民都以经营店铺为主，少数人打鱼养蚝，基本不务农，据说有三户外地人帮工种地。

世居民系为广府民系，通用语言为粤方言。村里现存广府民居 100 余间。一甲正街 28 号住宅，建于清代，占地面积 40.98 平方米，坐西朝东，单开间、二进深布局。村里有一座黄氏宗祠，占地面积 80.5 平方米，坐东朝西，三开间、两进深。黄氏历代人才辈出。黄大鲲，乾隆五十七年（1792）壬子科中武举，历任提标中、左营千总，嘉庆二十四年（1819）己卯，赞修邑志。黄应彪，嘉庆二十三年（1818）戊寅恩科，中式第十名。张见升，行伍出身，历官福建提督。黄英迈，例贡。黄英拔，例职，捐州同。黄应邦，捐千总。

早在 1988 年，政府就提出了一甲村整村搬迁方案，但是因为地块权属复杂、权属人分散等，导致整村旧改推进困难较大。2011 年，南山区政府为迎大运，投资 300 多万元改造了城中村的排水、防洪管线。

南园村

南园村位于深圳市南山区南山街道南园社区。原名"吴屋村"，村民大多姓吴。南宋孝宗年间，居住在广东增城的吴洪渊进入翰林院，当他讲学到南头半岛时，为这里的优美环境所吸引，就在这里安家了。到了明朝时，村里修建了吴氏宗祠。这里的围墙、民居、当铺、宗祠、古树等，构成了一个富有特色的广府围村。

南园村全部由围墙围起来，在围墙中间设置了8个闸门。南园村一面临海，因此围墙到西面的前海就断了。南园村现保存较完整的闸门有两个，一个与北头村交接，一个和南山村交接。与北头村交接的闸门位于南园西街道。闸门约5米高，3米宽，60厘米厚，现仍可见顶端处两个支撑门的圆孔。闸门后面已用红砖堵住，七八条榕树根须从闸门顶一直扎在地面。闸门右边石柱已被古榕树根须死死缠绕，有的根须从石柱缝隙扎进延伸，造成石柱向外变形。闸门左侧仍保留长宽不到一米的围墙，墙面长满青苔。

另一个闸门位于东街113号附近。目前，这个闸门保留部分比南园西街道的小一点。闸门上的门框土石已长满野花，有六七十厘米高，两边围墙长满青苔，一些榕树根须扎在里面。围墙很严实，有七八十厘米宽。2005年，南园村的围墙在推土机的轰鸣声中坍塌了。今天，现代的高楼大厦掩盖着尚存的近百间老屋和近10棵古树，800年的古村落遗韵流淌在其间。

南园村以前有两个当铺——日安押和日昌押，两者前身都是炮楼。祠堂也有两个：一个是区级文物保护单位吴氏宗祠；一个是解元祠，其实它也是南园吴氏其中一房的宗祠。

日安押现位于南园村正一坊街。街道狭窄，不到两米宽，两边都盖起了五六层高的居民楼，偶尔有小贩在街边叫卖。日安押被淹没在居民楼里。这是一座炮楼结构式的当铺，约五六层楼高，呈规则的长方体形。此建筑分为两层，底层作为店面，二层作为炮台。炮台每侧都有上下两排炮眼。炮楼没有楼梯，到现在也没人知道怎样上去。

以前，日昌押炮楼是南园村最高的建筑，现位于南园正街拐角，尽管经历了风雨侵蚀，却坚固如初。炮楼约30米高，四面均开有大小不一的长方形炮眼。炮眼设计巧妙，外窄内宽，呈锥体，有利于土枪上下移动对外射击，又便于保护自己。炮楼有五层，原来是木质楼梯，只能上到四层；现换成水泥楼梯连接至顶层。

正街11号、12号是两座连在一起的二层小楼，为连排的客家围屋结构。每间宽约5米，一楼较高，约有4米高，二楼则只有2米多高。屋顶是斜式的，铺着泥瓦。与正街11号、12号相似，南园正二坊66号之一和之二也是挨在一起的二层小楼，只不过之一大门朝西，之二大门朝东。这两座小楼装饰讲究，连给屋顶和二楼阳台排水的水管也做成竹子的形状。

　　窗户配有对联是南园老屋的一大特色。在吴氏宗祠东面，现标 B51 号的老屋有一副特别的对联，上联是"万里云山情与恨"，下联是"一楼风月我和君"。房子主人是谁已经无从考查，但从对联上看，楼主人应该是一名女子。

　　南园村东街、西街还保留有近 10 棵古榕树，在东街 9 号楼边的广场上，有两棵树龄 208 年的榕树。市政府于 2005年 10 月为其立了碑，注明是国家三级古树。位于南面的榕树有 6 层楼高，树冠长达 15 米，主干直径有 1 米多，须四五个成人合抱才能抱得过来。位于东面的为小叶榕树，比南面的那棵更大，有 7 层楼

▶

南园村位于深圳市南山区南山街道南园社区。原名"吴屋村"，村民大多姓吴。图为1983 年的南山村、南园村、北头村原貌。

高。两棵树的树荫把整个广场都盖住了，树下阴凉清爽，常有人在这里乘凉聊天。

西街北尽头原老闸门即南园村和北头村交界处，有一棵编号02040125的榕树，树龄608年，树高近8层楼，树冠直径四五十米，为深圳最老的树。主干直径将近两米，须十来个成年人才能合抱过来。枝叶繁茂，树身虬满榕须，整棵树有如一把巨伞，又像一位留着长须的老人家。

在南园东街经过吴氏宗祠前的晒谷场前，也有一棵608年树龄的古榕树，编号为02040124。树高只有两层多楼高，现存有两个分杈，其他分杈均已被锯去。

吴氏宗祠的大门是朝西的，比一般的宗祠要大些，面宽13.8米，进深52米，为三开间、三进深、带牌坊的建筑结构，约创建于元代，后历经重修，现为老年人活动中心。祠堂正门两边石柱上写有"起家同炎宋自延陵肇基东粤，聚族分卅里由石滩流派南园"的对联。宗祠里有吴应雷的画像。据说其是宋代战将，村里人讲述说，记不清是哪一年，吴姓曾经遭受四邻诸姓的排挤，有一次形势险恶，差点面临灭顶之灾。南园村吴氏只好派人到雅瑶吴氏求救。当初，号称"镇国将军"的吴应雷武艺高超，立即前往支援，挽救了南园吴氏。这些传奇故事代代演绎，为子孙后代所景仰。

解元祠靠近南山村。清嘉庆版《新安县志·选举表·乡科》载："吴国光，城外南头人，以《诗经》中解元，初授永福教谕，升广西兴安县、浙江乐清县知县，有《传》。"城外南头，即今南头古城往南三里远的南山区南头街道南园社区。解元，为古代科举制中考取举人的第一名，有文、武解元之分。吴国光是明代深圳南园吴氏吴祐一门四乡贤中的一位。该祠始建于明末，清代和民国时期曾多次重修，现存建筑为清代风格，砖木石结构，三开间、两进深布局，面阔12米，进深17.4米，占地面积约209平方米。祠旁有一书房，曾藏有吴国光的遗著《石龙轩寓》《雁荡诸稿》等。解元祠不大，也没吴氏宗祠华丽，由于没有得到很好的保护，祠堂前一片碎石烂瓦，仅存的左面围墙也与祠堂断开。

南园村现存的老屋有近百间，主人去香港发展或出国了，房子和主人分离是这些老屋得以保存下来的主要原因。这近百间老屋大多是斜顶的一层瓦房，也有两层的楼房，现存的两层小楼差不多有10座。

1921年，南园村旧私塾同源书室开办新学，由此走上现代化办学之路。1929年，荷兰华侨吴梓清回乡发动一批南园华侨捐资，在南园村西街同源书室的南侧修建了一座三层西式洋房，作为学校的校舍。同年，校舍落成典礼上，宝安县内众学校道贺，学校正式改名为南园小学校。时任民国教育部部长为校题写校名。后来，英国华侨吴福富出资，在南园小学校东侧扩建了一栋两层洋楼，捐赠学校。南园小学校建成后，缺乏学生活动场地，当时旅居荷兰的南园华侨吴登良，将毕生积蓄捐赠给南园小学校购置大片土地做操场，即南园"登良花园"的土地，现在的登良路一段。登良花园是为纪念先贤吴登良而命名，后人立碑以纪念之。扩建于民国十八年（1929）的南园小学校，当时是宝安县唯一的洋房小学。除了本村弟子就读外，周边各村子弟亦有不少来求学，曾为社会培养不少人才。

南山村

　　南山村位于深圳市南山区南山街道南山社区，南头半岛中南部，因位于大南山脚下而得名。由于村民大多姓陈，也曾叫"陈屋村"。元末明初，驸马陈梦龙的后裔陈纯可（韶风）从归德场（今宝安区沙井街道）迁来开基立村。

　　南山村里保留下来的广府建筑有200多间。

　　陈氏宗祠位于南山村正巷230号，始建于明代，1987年重修。占地面积500平方米，坐东南朝西北，三开间、三进深、两天井，大门上有"陈氏宗祠"匾额，对联为：户有天马凌空五彩云浮瑞应宝安灵杰，门封石龙跨海三春浪涌永称乔木人家。

　　兰所陈公祠位于南山村正巷208号，始建于明代，1992年重修。占地面积300平方米，坐东北朝西南，三开间、两进深，大门上有"兰所陈公祠"匾额。

　　陈郁故居位于南山村西巷，三开间砖木结构平房，前有院，四周有砖砌围墙，占地面积约250平方米。陈郁（1901—1974）是中国工人运动的先驱，1901年11月11日出生于广东省宝安县南头陈屋村。幼名陈旭贵，当工人时改名陈郁，1930年到上海后化名李文，在苏联被下放工厂劳动时俄文名"彼得"。1925年8月加入中国共产党，参与省港大罢工主要领导工作。1947年，任东北煤矿工人干部学校（现黑龙江科技大学）校长。中华人民共和国成立初期，任共和国首任煤炭工业部部长。1950年，任燃料工业部部长时兼任中国矿业学院（现中国矿业大学）院长。后任中共中央委员、中共广东省委书记、广东省人民政府省长。

村中古老民宅被城中村包围。这些民宅属于村民所有，由于房屋老旧不适合居住，而业主多不在本地生活，80%以上的业主都同意拆迁。2010年，南山村旧村更新单元列入深圳市城市更新单元制定计划，申请拆除重建用地面积18.63公顷，申报人为南山荔园实业股份有限公司。将位于更新单元（外）北侧的市级文物保护单位陈郁故居在旧村改造后按紫线要求留出建筑退线空间，同时，陈氏宗祠、兰所陈公祠将作为南山村社区的历史性建筑物结合社区公园绿地予以保留。

麻磡村

　　麻磡村位于深圳市南山区西丽街道麻磡社区，坐落在羊台山西南面的山脚下，西丽水库的上游，毗邻原白芒关联检站，在西丽北部原二线关口位置。该村被称为深圳十大客家古村落之一。

　　麻磡村建村已经有近400年的历史了，村中以张姓居民为多，少数冯姓、邓姓。说起来，麻磡村与白芒村的先祖原是同一人，即为张统公。张氏先祖先是由山西辗转到河北清河，南宋年间又迁至福建上杭，明末清初至深圳西丽开村麻磡、白芒。

　　麻磡的"磡"字在粤语中谐音"坑"字，客家人管坑头叫"磡"，麻磡的意思是说"一个一个坑头"，意味着地势不平——麻磡村前面有羊台山，后面有牛兰窝，两个山头。

　　麻磡村地处偏僻，村里有一片占地面积近4000平方米的客家古民居，其中还夹杂着碉楼、教堂等。这些老瓦房群构造颇简单，多采用麻石、青砖作材料，屋脊由瓦片覆盖，呈船形。建筑风格大部分属于客家式，其中也夹杂了部分广府式。

　　目前，麻磡村还保留着4座碉楼。这几年来，为了生存，村里不少房子用作出租屋、餐厅。但由于排污系统缺失，饱受烟火和水的侵蚀，部分老瓦房外墙已剥落斑驳。此外，碉楼四周也已被建筑废料填埋得无处落脚，碉楼内部也因无人修缮而落满尘埃。曾有业内专家分析，青壮年常住人口的缺失，使村落缺少了根本的生命力。除了要加强古村落保护意义的宣传外，相关部门还应积极面对，采取适当措施。

麻磡村的后山是登羊台山的必经之路，翻过后山之后，放眼望去，羊台山的雄姿就显露无遗了。在羊台山的南侧，有一块光滑平整的巨型石壁。在处处被厚厚的植被覆盖的山坡上，这块石壁非常显眼，远远看去，石壁就像被老天爷刻意镶嵌在山崖上，石壁所处位置十分陡峭，几千米以外一览无余，有可望而不可即之感。

改革开放后，村子向南发展，建了五个工业区和一处公园。许多村民也将新家迁移到麻磡村南部，留守老房的都是一些老人和带孩子的妇女。

2011年3月，南山区重点打造的环保产业——华南首个"零排放"环保高新技术产业园和环保技术研究院（简称"一园一院"）落址麻磡村。"一园一院"项目的启动，为水源保护区内麻磡村的发展树立了新的里程碑。麻磡村将以一个污染零排放的生态环保园和高品质的生态小区的形象展现在我们面前。

2016年7月起，因坊间"旧改"的传言，西丽街道麻磡村出现多起楼顶及地面抢建行为，且呈蔓延之势。西丽街道规划土地监察队为遏制违法抢建势头，专门指派执法人员和协管员，全天候24小时对麻磡村进行巡查。近期，监察队巡查发现麻磡村新增违建28

处，组织拆除 32 次（有 4 处拆除两次），拆除面积 2715 平方米，坚决做到了违建"零增长"。

◀

麻㘵村位于深圳市南山区西丽街道麻㘵社区，坐落在羊台山西南面的山脚下，西丽水库的上游，毗邻原白芒关联检站，在西丽北部原二线关口位置。该村被称为深圳十大客家古村落之一。

向南村

　　向南村位于深圳市南山区南山街道向南社区。相邻的自然村北为一甲村，东靠墩头村，南接北头村。

　　向南村的祖先可以追溯到福田上步的郑氏，上步的郑氏后裔在南山区的塘朗、珠光建村后，又向西寻求发展，在前海湾一侧，建立了向南村。相传这村子开基之祖是一位教书先生，他本是珠光庵前村人，在墩头村教书时，每天傍晚都要出门乘凉，散步到这里，感觉到阵阵凉爽南风，觉得这里是好风水，于是在征得墩头村村长的同意后，开始在此建房，房子坐北向南。后来人丁兴旺，所有的房子也都是向南而建，因此得名"向南"。

　　该村世居村民为广府民系，第一大姓是郑，明朝从珠光庵前村（今西丽光前村）迁来。第二大姓为叶，元末从东莞迁徙而来。向南村现存广府民居188间，有16条巷。

　　郑氏宗祠位于向南村西街，始建于明代中叶，历代均有修葺，现存建筑为清代重修，亦有局部改造。宗祠建筑坐北朝南，砖木结构，为三开间、三进深布局，建筑四周用清水砖墙承重。祠前原有大月池，有一鱼塘，约22亩，1999年修桂庙路时被填。郑氏宗祠有前堂、中堂、后堂和前后两天井及其左右廊等。大门两侧有塾台，门额石匾刻"郑氏宗祠"。左右廊为穿斗式梁架结构。中堂保留有明代八角石柱及柱础各三对，为前后檐步五架抬梁式梁架，有简单壁画、雕花檐板和梁架雕刻等。后堂保留有明代石柱和柱础一对，为前后檐步五架抬梁式梁架，有简单壁画、檐雕和梁架雕刻，正中石嵌"荥阳堂"。宗祠墙体为夯土墙，现代水磨石地面，琉璃瓦屋面，琉璃剪边，灰塑脊饰。前堂左右两侧有明代古井两口，已被水泥板覆盖。郑氏宗祠一直由郑氏家族管理。1949年前，郑氏宗祠作为私塾，为培养村内少年提供了良好的场所；郑氏各房有喜庆事都要到宗祠拜祭祖先。20世纪20年代土地革命时期，这座宗祠曾被用作农民自卫军训练的大本营。1949年后，曾作为小学使用。50年代后，作为生产队的公共建筑，由向南生产队管理使用。80年代中期，向南村郑氏家族及海外华侨、港澳同胞等捐资对其进行维修。2013年，郑氏宗祠被列为南山区文物保护点。

逢源书室位于向南村一坊24号，建于民国十二年（1923），是一座三开间、二进深、二层、带天台建筑，大门向南，额匾题"逢源书室 民国十二年岁次癸亥季冬吉立 李口八十书"等字。其上有灰塑。

木楼梯开在一层东侧。一、二楼均为水泥彩砖铺地，天花板上绘花卉图案。两次间有精致的木雕花格。二层原有铁梯通向天台，现已毁。天台设栏杆，绿釉葫芦形栏柱。外墙四周有女儿墙，正面中部凸起，灰塑八卦图案。

　　侯王古庙坐落在向南村西面与大板桥交会处。过去，侯王古庙面临大海，后填海造地，周围已物是人非，四周围绕着居民楼。侯王古庙蓝色琉璃瓦门檐下挂着一副对联，上书"天青明照人间福，侯爷金口添丁财"。牌坊上是《十八罗汉图》和《松鹤长青图》，传递着向南村祖祖辈辈的美好祝福。南山街道地域内桂庙村、北头村、墩头村皆建庙同奉侯王。后向南郑氏立村，族人便入乡随俗，亦建侯王庙，并从桂庙村侯王庙借真身供奉。久而久之，向南侯王古庙香火鼎盛，延续至今。向南村侯王诞祭典是一项传统民俗活动。向南村侯王古庙供奉的侯王，为明末十二诸侯之一的陈忠勇。陈公出身庶民，为民请命，官至大将军，并被封侯，死后被封为民间庇佑之神。向南村郑氏族人早年的生产方式为半农半蚝，有时还要出海捕鱼，为求得风调雨顺、出海平安，村民便求神保佑。于是，建侯王庙，敬奉侯王，从此香火鼎盛，延续至今。2009 年，侯王古庙被列入第二批市级非物质文化遗产名录。向南村郑氏宗祠、侯王古庙于 2013 年4 月被列为区级文物保护点。

　　大板桥位于向南墩头村，单拱石桥，是深圳古桥之一。据清代《新安县志》记载："大板桥，在墩头里，乡人郑可言建。"大板桥用花岗岩石砌成，面宽 3.8 米，长 17.4 米，距地面高 4 米，桥孔跨度 5.5 米，桥两侧带石栏杆。大板桥附近有一南头古渡口遗址，是古代内河航运码头。明清时，从南头开往佛山、东莞、省城的商船、客船都在此停泊。大板桥巷因大板桥而得名。2003 年 2 月 26 日，南山区政府将其列为文物保护单位。

　　向南村有两株百年古榕，位于侯王古庙前两侧。20 世纪 60 年代，其中位于东侧的古榕树干基本枯死，村民立柱撑起树干，又给树干抹上厚厚的黄泥，终于使古榕复活。1995 年 5 月，村民立柱保护古榕，柱上镌刻"辉煌台"字样，形似"腾龙"，庆贺古榕"枯木逢春"。另一株位于西侧的古榕有 300 年树龄，每逢节假日，村民都在树上张灯结彩。这株古榕虬干横展，仿佛巨臂，村民在枝干下立柱，形似"虬龙"，上书"古榕神风"四字，一为枝干加固，二为古榕扬名。

罗 湖 区

湖贝村

　　湖贝村位于深圳市罗湖区东门街道湖贝社区。东至文锦路，西到东门南路，南临深南东路，北接中兴路。相邻的自然村东有黄贝岭村，南有向西村，西北有田贝村。

　　明洪武二年（1369），东莞张氏一支举家迁到大鹏镇叠福九顿山下隐居。历经二三代之后，搬迁到罗湖黄贝岭一带，张爱月、张思月、张怀月、张念月四兄弟分别在向西、水贝、湖贝立村；张爱月的叔叔张靖轩创建了黄贝岭村。清代时，黄贝岭张氏在几个张氏村落里最有实力，与香港新田的文氏只一深圳河之隔，因为嫁娶中两边土地的归属问题争端而结下世仇；矛盾激化时，两边各自组织人马，攻入对方村里，见车抢车，见牛抢牛，争端越来越激烈，最后发展到双方拿土枪互相射击。当年繁华的深圳墟的建立、维护与发展，就是这几个同宗的张氏村落共同经营的结果。

　　湖贝村位于今湖贝路北面，包括东坊、南坊、西坊。湖贝村南坊最早可追溯到明成化年间（1465—1487），是深圳经济特区没有扩大范围前保留的最后一座古村，也是格局最完整的一座古村。南坊东西宽约180米，南北深120米，有三纵巷、八横巷，共有古民居500多间。村里现仍保留有宗祠、门楼、水井。

位于村西的怀月张公祠，是明代中期湖贝张氏族人为纪念开基始祖张怀月而创建，也是座有悠久历史文化的古建筑。清康熙三年至八年（1664—1669），为封锁台湾的郑成功，康熙帝下令沿海五省边界内撤50里，湖贝村也在撤离范围之内，原宗祠遭受破坏。复界后，于清嘉庆九年（1804）重建。宗祠主体面阔12.4米，进深26.7米，建筑面积331平方米。宗祠二进是砖砌牌坊，正面拱门额灰塑"金鉴流芳"四字，背面灰塑"曲江风度"四字。这两个典故均是歌颂唐代宰相张九龄的。湖贝村张氏，以及黄贝岭、水贝村、向西村等张氏乃张九龄之弟张九皋的后裔。民国二十四年（1935）又进行三修。现存建筑为清代风格，砖木结构，三开间、三进深、两天井布局，其门堂前檐与后檐为石作结构梁架，甚为罕见。1925年2月大革命时期，广州革命军第一次东征，讨伐军阀陈炯明，黄埔军校的师生曾驻扎于此，并开设"贫民夜校"，黄埔军校政治部主任周恩来等在此给农军演讲。同年6月省港大罢工时，在此设大罢工的工人接待站，其后为省港大罢工工人纠察队深圳支队的队部，成为深圳仅存的省港大罢工旧址。该宗祠一直由张氏家族管理。1951年土地改革时，成为农会会址。稍后又先后成为湖溪小学、西湖小学的校址。

湖贝旧村又名湖贝大围，地处东门商业圈的中心地带。百年前曾是深圳墟的一部分，也是商铺林立。后在城市发展过程中，逐渐成为外来务工者的聚居城中村，在周边房屋租金高达数千元的情况下，这里只需 500 元便能租住一间小屋以容身。

湖贝旧村的拆迁传闻从 20 世纪 90 年代便开始，最终落定拆迁是 2012 年 9 月 23 日，湖贝股份公司召开全体股东大会，表决同意由华润置地作为更新主体实施改造。表决结果显示，高达 97% 的股东，即拥有产权的村民，投出了赞成票。

2013 年深圳"两会"期间，张欣洲等 9 名人大代表提出整体保留湖贝村旧村古民居的建议，认为"如果古民居被推土机推掉，可能是深圳文化历史上的重大损失"。对此提议，华润置地和湖贝股份公司的回应是，怀月张公祠将在项目内进行异地重建，"迁建"的张公祠位于整个项目的中心位置，周边是挪移的罗湖文化公园，以及规划建设的一批具有岭南特色的建筑群。张公祠之外，三纵八横格局的湖贝古村将荡然无存。

2014 年，由深圳大学建筑与规划学院饶小军教授领导的团队对古村进行了保护性测绘，最后形成了一个专业报告。项目团队建议评湖贝南围为历史风貌保护区并原址保留，推荐的核心保护范围为15662 平方米，建设协调范围是 18798 平方米。

2016 年 5 月 28 日，罗湖区召开湖贝片区城市更新方案专家评审会，公布的方案中，湖贝旧村保护范围以怀月张公祠为主，划出了约 6000 平方米。这意味着湖贝古村品质较高的传统风貌建筑，多数仍不能保留。5 月的方案一出，在关心湖贝命运的知识分子中引发震动，由此产生一系列公共讨论、媒体报道，吴良镛等 6 位院士联名致信市委书记马兴瑞，要求保留湖贝古村。6 月 28 日，马兴瑞视察湖贝，要求"保护与改造的双赢"。7 月 2 日，因质疑华润公布的古村局部保留方案，且缺乏良好沟通机制，深圳一些文艺、社会研究与规划建筑界人士共同发起了保护计划，名为"湖贝古村 120 城市公共计划"，随后举办一系列公开活动，如"共赢的可能：湖贝古村保护与罗湖复兴设计工作坊"，邀请深圳各界专家设计师上百人参与研讨建言。3 日，邀请了同济大学著名"古城卫士"阮仪三教授参与"对话湖贝"。

　　7 月 6 日，罗湖区城市更新局召开新闻发布会，针对湖贝统筹片区城市更新工作中湖贝旧村相关问题作出说明。7 月 12 日，罗湖区召开湖贝城市更新统筹片区规划方案专家研讨会，深圳市城市规划设计院和华阳国际设计集团汇报了湖贝新版规划方案。与此前的方案相比，该版方案对湖贝旧村在较大范围进行保留，除了紫线范围内的张公祠，在图纸上对"三纵八横"旧村格局进行完整保留。然而，7 月 12 日的新版方案也不是没有问题，虽然保护面积从 6000 平方米扩大到将近 12000 平方米，但价值较高的东区建筑，与设计的地下室重叠，一旦开挖，同样保不住。

笋岗村

　　笋岗村位于深圳市罗湖区笋岗街道笋岗社区，村后有大岭山，海拔约 80 米。村东是发源于黄竹沥的布吉河，南流到渔民村汇入深圳河。

　　元勋旧址又称笋岗老围，明初笋岗何氏为纪念其祖先岭南名贤何真而建。何真（1322—1388），东莞员头山村人。元时，因与王成争雄逃难至此，并在此发迹。元末明初，何真举岭南义旗归明，功封东莞伯。何真带其母亲及二子、五子定居于此，开基辟地，名为笋岗村，意指子孙后代会像竹笋一样茁壮成长，越发越多。四世孙何云霖为纪念高祖父何真，在此地建成围屋，还绕围挖有护濠，称元勋旧址。

　　元勋旧址是典型的广府围村建筑，前有门楼，后有神厅，外围原有护河，四角有二层的阁楼。阁楼间以城墙连接，城墙由青砖砌成，城墙宽 1.2 米，高 5 米，城的平面呈长方形，面阔 68 米，进深 63.5 米，有三条纵巷、六条横巷、三眼水井和 140 多间民居。后部建有何氏宗祠，东侧有天后宫。整座围屋建筑雄伟壮观，南面大门

元勋旧址是深圳市目前唯一保存下来的比较完整的广府围村建筑，它对于研究深圳地区古代建筑艺术、家族制度以及广府文化等具有重要的价值。

外墙用红粉石砌成，门额石匾刻有"元勋旧址"四个大字。围屋外原有城墙和护河，现在也没了。目前已兴建围栏围住外墙，防止外墙再受破坏。

元勋旧址是深圳市目前唯一保存下来的比较完整的广府围村建筑，它对于研究深圳地区古代建筑艺术、家族制度以及广府文化等具有重要的价值。1988年，深圳市人民政府将其公布为文物保护单位。

2005年，罗湖区委、区政府对元勋旧址开展空楼行动，迁出所有住户，并派人看守，保护了文物安全和居民的人身安全。

罗芳村

罗芳村位于深圳市罗湖区黄贝街道罗芳社区，东起曦龙山庄，西至污水处理厂，南濒深圳河，北达罗芳山，总面积约 1.4 平方千米。

罗芳村，曾叫罗坊村，清康熙年间编纂的《新安县志》就有记载，属新安县六都，清嘉庆年间为官富司管辖村庄。20 世纪 20 年代，《广州日报》称这里为螺坊。

罗芳村的传统民居为客家民居，现存约 30 座，两面坡，硬山顶，墙体多为三合土夯筑而成，少数青砖。殿相陈公祠始建于清雍正年间，1914 年、2015 年进行维修。三开间、两进深，门联为：颍川呈献瑞，殿相永传芳。据《罗芳村陈殿相公祖祠重修纪念册》记载，陈殿相于清康熙十三年（1674）从广东博罗迁徙到归善县，康熙五十八年（1719）迁居本地。陈氏家族每年年初二到祠堂祭祖，重阳到香港大雾山祖坟祭祖。

罗芳村四周山岭有猫窝山、罗屋山、鲤鱼岭山。村子南面是深圳河。深圳河两边都有一道铁丝网，在罗芳村的牌坊前有一个罗芳耕作口。很多罗芳村本地村民都持有耕作证，去对岸种种菜，访亲探友，是他们通常要做的事情。但在晚上 6 点之前，他们必须返回耕作口回来深圳。耕作证可以继承，上一代延续到下一代，但男人超过 60 岁，女人超过 55 岁，则不能过境。至于继承人，则需要年满 22 周岁方可。1969 年的一天，深圳河两岸围上了高高的铁丝网，罗芳村村民再也不能轻轻松松地蹚过小河去到香港了。

1978 年，深圳罗芳村村民年收入 134 元，而河对岸香港的村民每年能赚 13000 多港币，而那时港币比人民币"值钱"。于是，白天在香港耕作的村民，开始有人晚上不再返回河的这一边；有的人甚至扶老携幼，全家都住在香港。而没有过境耕作证的村民也有办法，他们在天黑时卷起裤腿，在深圳河里游上十几米就到了香港。当时，最近最安全的路线首先是从现在的罗湖海关后的深圳河过去，但这需要有熟人带，没有关系很难。其次是皇岗口岸，但那里有军犬把守。再次是走梧桐山，但路途远且比较危险。最后就是泅水了。就这样，罗芳村上下竟然有好几百人留在了香港。

由于外逃农民增多，过境耕作一度被限制。1976 年后又恢复，这期间，边民过境作业，主要有过境耕作、过境搬运和前往香港流浮山从事渔蚝生产等。真正形成"过境耕作证"使用制度，是在 1980 年底。当时，中方与港英当局签订了我方边民过境耕作合法化的协议，将三种证件合并为统一的《深圳市过境耕作证》。发放的耕作证涉及周边 30 余个自然村的边民，一般一户一证，固定个人使用。

改革开放后，农村分田到户，罗芳村村民发现种粮食不划算，纷纷在自家土地种上了蔬菜。当时的政策不仅包括分田到户，还允许村民们将收割下来的蔬菜运到河对岸的香港卖。每天早上 6 点，村民们便跟随运菜的拖拉机来到香港的菜场；上午 9 点，罗芳村生产的蔬菜就摆上了香港的各大菜场。河这边几毛钱一斤的蔬菜，在香港能卖上二十来港币一斤。种菜的村民人均月收入过万，家家都是名副其实的"万元户"。

如今，深圳的罗芳村富裕程度早超过河对岸的罗芳村。每年的祭祖、大盆菜，深港两地罗芳村乡亲欢聚一堂，骨子里，从来都是一家人。

第五章

深圳风物志·第二辑·村落往事卷

光 明 区

合水口村

　　合水口村位于深圳市光明区公明街道合水口社区，东接公明社区，南邻将石社区、马山头社区与薯田埔社区，西接松岗街道燕川社区，北靠公明下村社区，社区面积4平方千米，主要为平地，台地、山地仅占三分之一，有上屯、中屯、下屯自然村3个。

　　麦氏大宗祠位于公明街道合水口居委会的北面，占地面积有1000多平方米，属五开间、三进深、一牌坊、二天井院落。这是一座集灰塑、石雕、木雕和彩绘于一体的岭南风格传统祠堂建筑，主体结构为清代风格，但保留了明代建筑布局和部分建筑构件。大门的正中间有刻着"麦氏大宗祠"几个字的木匾，两侧是"长江源远，古柏根深"对联。据查考，麦氏大宗祠始建于明弘治年间（1488—1505），是深圳市现存较大的祠堂建筑之一。中厅间天井处的那座花岗石牌坊，"宿国流芳"四个大字在阳光的照射中熠熠生辉。麦氏大宗祠就是合水口、薯田埔、马山头、根竹园、碧眼、白芋沥等六村麦氏家族的总祠。

　　据《麦氏族谱》记载，麦氏以麦铁杖为始祖。南雄百顺人麦铁杖（574—612），生活于陈朝和隋朝期间。青年时即勇敢，有臂力，且步行如风，跑及奔马，能"日行五百里"。性开朗、喜酒、好交游、重信义。陈朝太建年间，铁杖曾结伙为盗，被广州刺史捕获，罚为官府奴隶，为皇帝执掌御伞。后为隋朝大将军，随杨素征突厥立功。后战死在征讨高句丽的战役中，时年 38 岁。赠光禄大夫、宿国公，谥号武烈。

明洪武年间，麦氏六世祖麦守信为开拓生存空间，从东莞迁居周家村（今将石村），成为立村始祖。稍后，大约在明永乐 21 年（1423），麦富从东莞世居地迁出，在合水口开基立村，成为公明麦氏的初居之祖。

据史料记载，合水口村因地势较低，从上游汇合到村前的一条溪，形成一个合水口，因此得名。由于宋元战乱频繁，麦氏十六世祖必荣公从南雄珠玑巷迁徙至此，逐渐发展为麦姓聚居地。

麦富公在合水口开村立业，至今已近六百年了，其子孙后代分居于公明街道的薯田埔村、马山头村、根竹园村，光明街道碧眼村，坪山区果园贝村等地。现在，麦氏子孙后人已达十多万人，遍布珠江三角洲、台湾地区和海外多个国家。每年，许多麦氏后人回乡寻根溯源，投资办厂，为祖国的发展和经济建设作出了较大的贡献。

合水口村曾是声名显赫的武术之乡。清康熙二年（1663），朝廷在粤东开设武闱，选拔武官。麦世球参加了这次武乡科，并中举。雍正癸卯年（1723）开科，正好是麦世球中举六十周年，奏准重宴鹰扬。麦中达，考中康熙十一年（1672）壬子科武举人。麦世球的儿子麦蕙，字泽先，康熙二十九年（1690）参加庚午科乡试，考中武举，康熙三十年（1691）辛未科会试，考中进士，可谓"联捷"。历官四川会川军民卫掌印守备、浙江衢州协中营都司、江南提标后营游击、调署松江衢州协镇。所历诸任，俱有政声。他的爷爷麦隆，因他被赐予怀远将军。他的父亲麦世球被诰封为怀远将军。麦岐，乾隆五十九年（1794）参加甲寅科乡试，考中武举。麦岐的儿子麦锦琮，嘉庆十五年（1810）庚午科乡试中武举，嘉庆十九年（1814）甲戌科再考中进士，嘉庆二十二年（1817）参加丁丑科殿试，授予营守备用。嘉庆二十四年（1819），赞助编修《新安县志》。麦冠东，任四川夔州提督，曾被封为怀勇将军。

在近代，麦氏家族还出了一位革命烈士，叫麦福荣。1924年底，他加入中国共产党，成为宝安县最早的中国共产党党员之一。1927年6月，中共宝安县委召开四、五区农会领导人联席会议，他任中共宝安县第一届委员会委员。11月，任东宝工农革命军总指挥部第三大队大队长。年底，中共宝安县委派麦福荣到沙井至蛇口沿海一带与秘密农民自卫军联系，举行工农武装暴动。1928年2月23日，出席全县第一次党代表大会，大会主席团由麦福荣、吴学、麦志兴3人组成。1928年4月，宝安县农民武装举行第二次暴动，狠狠地打击了豪绅地主的嚣张气焰，沙井、新桥各乡豪绅地主纷纷到省城、虎门、深圳请兵。1928年5月，宝安县农民武装举行第三次暴动，麦福荣被国民党反动派围捕，于广州英勇就义。

白花洞村

白花洞村位于深圳市光明区光明街道白花社区，距街道办事处约9千米。东接深圳市龙华区观澜街道大水坑村，南邻大浪街道大浪村，西至凤凰村、碧眼村，北连迳口村。村落位于深圳北部丘陵地带，周边有梅坳山、吊神山，海拔最高288米。境内的白花河为观澜河支流，从村中心穿过；白花河源于禾槎涧水库、畔坑水库的发源地打石窝，由西南流向东北转而由西向东，流经黄屋排村、白花村，穿越梅观高速，在观澜陂头吓新村南接纳大水坑河支流后，在企坪村东南汇入观澜河。白花河长17.32千米，流域面积36.28平方千米。村周围有水库4座，分别为鹅颈水库780亩、禾槎涧水库460亩、畔坑水库300亩、吊神山水库220亩。

白花洞村建于清朝光绪年间，周氏先祖礼茂公夫妇率四个儿子由惠东迁徙至此，开荒垦田，聚族而居。因此处地形如木桶，易守难攻，得名洞，加之满山开遍白花，先祖认为此地为风水宝地，白花遍山代表男丁兴旺，先祖又是由惠州白花镇迁徙而来，为感念故土，取名白花洞村，又名白花村。据村民讲述，清光绪年间，惠东

▶

白花洞村因此处地形如木桶，易守难攻，
得名洞，加之满山开遍白花，先祖认为此
地为风水宝地，白花遍山代表男丁兴旺，
先祖又是由惠州白花镇迁徙而来，为感念
故土，取名白花洞村，又名白花村。

盐商礼茂公带领四个儿子离开故土，来到观澜与新安交界地。礼茂公跋山涉水历经两个多月，从惠东老家白花镇出发，翻山越岭考察许多荒无人烟从未开垦过的处女地。几番周折，礼茂公登上观澜与新安交界地的一座高峰，放眼远望，但见重峦叠嶂，漫山白花，古木参天蔽日，山涧流水潺潺，山谷云蒸霞蔚。礼茂公兴味盎然，不禁赞叹："好一个白花洞也！"于是，在此开辟新村，白花洞村也因此得名。1987 年《深圳市地名志》记载："白花洞，是个片村，共有 6 个自然村，144 户，666 人，耕地1583 亩。因村被山包围似洞，满山开白花，故名。"

清光绪年间（1875—1908），白花洞村属新安县观澜乡。民国时期，1931 年属宝安县第六区，1933年属第三区，1941 年属第二区。中华人民共和国成立后，属宝安县观澜乡。1955 年，属宝安县观澜区。1959 年，属宝安县观澜公社白花大队。1977年，属广东省国营光明农场。1988 年，属深圳市光明华侨畜牧场农林业队。1999 年，属宝安区光明街道白花社区。

白花洞村世居民系为客家民系，通用方言为深圳观澜客家话。主要姓氏有周姓、黄姓、杨姓。第一大姓为周姓，原居福建，后迁至广东惠东白花镇，清光绪年间迁至该地。白花洞村为客籍村庄，传统民居为客家民居。保存现状较好的民居有老屋区，建于清朝，现存60座，多数为砖墙瓦顶。大多无人居住。

现存宗祠两座。其中，周氏祖祠是一座典型岭南客家风格的小祠堂，占地面积100平方米，二进深、中天井，祠堂内前厅小后厅大，层次分明。祠堂大门两边雕刻楹联"汝高世德常兴业，南宗枝茂长发家"，上方有"周氏宗祠"四字匾额。后厅供奉祖先牌位，厅堂内用木柱顶住横梁，横梁上有精美的木雕。祖先牌位两侧挂着"凤起岐山鸣圣代，遂开廉水毓文人"对联。周氏宗祠经过多次修葺，涂上红漆。每逢春节、中秋节、重阳节，农历每月初一、十五等，村里周氏族人会到此点灯上香，纪念先祖。

绍岐祖祠位于围肚村前排，为未定级不可移动文物。占地面积90平方米，1983年重修。该祖祠板瓦覆盖，坐南朝北，三开间、两进深，面阔7.4米，进深12.1米，面积89.61平方米。前堂门檐下有人物彩绘。大门上有"绍岐祖祠"匾额，右书"绍廉汝学"，左书"岐凤朝阳"。

村内现存5座碉楼，均建于清末民初。1座白花碉楼、1座马池田碉楼、1座围仔碉楼、2座开围碉楼。5座碉楼依山环村而建，构成一个可相互照应的碉楼群。碉楼体现建筑史上中西文化的碰撞，外观呈四方立柱形，西式雕花屋檐，中式庭院、门楣，五六层，高约20米，占地面积80至100平方米。采用土木结构，顶层呈雨披形。墙体采用当地黄土、石灰、河沙，用糯米浆或甘蔗糖材料搅拌，掺以稻草、竹片等夯实而成。墙体下宽上窄，底宽约1米，顶层宽约0.4米，呈梯形。大门是进入碉楼的唯一通道，多设双重铁门。每层设有门窗，木梯沿后墙而置。碉楼内设有天井，正面开门，门设三道，每道门皆可上锁，十分坚固，外人不便进入。碉楼围基周边有附属建筑，风格各异，依主人喜好而定。白花碉楼为周氏族人所建，底层占地长 5.4 米，宽 7.95 米，面积约 43 平方米，5 层，高约 20 米。另有一座黄屋排南碉楼，因年久失修，主体已毁，仅存基围残垣。围肚东碉楼、围肚西碉楼、围肚古井碉楼、黄屋排南碉楼均为未定级文物保护单位。

白花洞天后宫，始建于明清时期，重建于 2011 年，供奉妈祖神像。每年农历三月二十三日为妈祖诞辰日，九月初九为妈祖升天日，予以祭祀。妈祖生辰，被民间视为"圣日"，人们进香祭拜、游神以祈求风调雨顺、平安兴旺，家家户户要备办供品。信女们一早就梳妆打扮，手挽花篮，携带香烛糖粿果品前去祭拜。

白花洞是革命老区，抗日战争时期是羊台山革命根据地重要军需基地。广东人民抗日游击队、护乡团等人民武装都曾在此同日军、顽军进行过战斗。1941 年 6 月 10 日夜，驻莞城、厚街、太平、桥头的日军长濑大队 400 余人倾巢而出，兵分两路奔袭大岭山区中心白花洞村，企图消灭广东人民抗日游击队第三大队。第三大队队长曾生率领白花洞抗日自卫队和第三大队与日军展开激战。白花洞战斗持续了两天一夜，最终击毙日军长濑大队长及以下日军官兵 50 多人，缴获长短枪 10 余支及弹药、物资一批和战马几匹。游击队也伤亡 10 余人。

抗日战争时期，先后有周来友、徐马连、谢马春、周和金、肖金、黄锡良、叶强、关汉芝等烈士在这里为国捐躯。1992 年 12 月，白花洞村民倡议捐资，在烈士牺牲之地修建白花洞革命烈士纪念碑。

圳美村

　　圳美村位于深圳市光明区新湖街道圳美社区。相邻的自然村有新陂头、羌下村。地处丘陵地带，有大屏嶂山、大马山，海拔最高约250米。明末清初，圳美村先祖从公明上村分支到公明水贝楼村，再从楼村迁徙至此。村子位于原宝安县和东莞县交界，正好在两县交界中间位置，"正好"意同"正美"，而取名镇美村。后来村民为了书写方便，简化为圳美村。

　　民国时期，圳美地属东莞县塘下新美乡。中华人民共和国成立后，属东莞县塘下新美乡。1958年，属广东省国营光明农场、光明人民公社。1988年，属深圳市光明华侨畜牧场农林业队。1999年，属宝安区光明办事处。2007年，属深圳市光明新区光明办事处圳美社区至今。2018年9月，属深圳市光明区新湖街道圳美社区。

　　德淳书室建于清乾隆初年，距今约300年，是光明区辖区范围内历史最悠久，且唯一保存下来的清代书院建筑。书室由陈氏十七世祖为儿子陈德淳修建。书室为三进深、三开间、中天井，青砖灰瓦，雕梁画栋，横梁檩条精美的雕刻与图案清晰可见。书院内堂有一个大缸，插满香烛，专供文人学士来此烧香许愿。书室的第二进小院在当时是科举秀才读书的地方，门口两个阁楼供他们居住。书室的第三进院子，上了台阶是私塾先生坐堂的大厅堂。革命战争年代，中共游击队曾在德淳书室内印报纸，这里成为秘密革命基地。2014年，光明新区管委会将其列为不可移动文物。

遗爱陈公祠是一座典型的岭南客家风格的祠堂，其外形飞檐翘角，是岭南客家祠堂硬山顶式的建筑风格。祠堂大门上方悬挂有"遗爱陈公祠"牌匾，走进祠堂，二进深、三开间、中天井，四合院式的格局，蕴含着"四水归堂"的文化理念。祠堂内前厅小后厅大，层次分明，后厅供奉着祖先牌位，厅堂内用木柱顶住横梁，顶端雕梁画栋。据陈氏家族祖祖辈辈口口相传，祠堂应是明朝初年的建筑。如今每个月的农历初一、十五，春节、中秋节、重阳节等节日，仍会有陈氏族人前来祠堂点灯上香，纪念先祖。

迳口村

　　迳口村位于深圳市光明区光明街道迳口社区，东接深圳市龙华区观澜街道，西到翠湖社区，南邻白花洞村、碧眼村，北倚公明楼村，与白花洞村、圳美村、楼村相邻。

　　迳口村始建于元后期，黄氏先祖为躲避战乱带族人由南雄珠玑巷迁至此地。因村中屏嶂山与东莞分隔，该村有一条通往东莞的唯一道路而取名迳口。

　　迳口村世居民系为广府民系，当地通用方言为粤方言深圳西路白话。主要姓氏为黄姓，从福建迁移至广东南雄珠玑巷，再从珠玑巷迁移至该地。

　　黄氏大宗祠，始建于南宋末年，是深圳最古老的宗祠之一。宗祠占地面积200平方米，正门刻有楹联"祖德永垂千秋盛，宗枝长衍万代昌"。整座建筑由大量的明代红山岩建造而成，宗祠墙体依稀可见岁月的痕迹。宗祠屋顶有双龙戏珠之装饰，栩栩如生。

　　黄氏大宗祠先后经历破损、火烧、漏水等灾难，在子孙后代的悉心保护下，至今仍完好挺立。但因为迳口村在1958年前属东莞县所辖，有关黄氏大宗祠的历史记载在深圳市和宝安区档案馆无从查找。所以，这座宗祠至今未能入选文物保护单位，也难以得到系统保护。将这一具有 800 年历史的宗祠保存好、开发好，成为村民与文物保护工作人员的一大心愿。

迳口村是深圳市现存城市边缘自然村落社区的典型代表。由于社区 98% 处于生态控制线范围内，虽有着良好的自然生态资源，但社区内产业难以发展，居民生活形态单一，地区发展相对滞后，配套设施不完善，居民生活亟待改善。2017 年 8 月 29 日，深圳市2017 年第三季度新开工项目集中启动暨华侨城光明小镇开工活动在光明区光明小镇项目现场举行。在未来光明小镇的建设当中，迳口社区位于光明小镇规划核心区的后核要点，是连接国家现代农业庄园、小镇核心区、光明体育森林公园的关键区域。在小镇规划下，迳口社区将以民生大计为优先，产业导入与环境提升并重，探索城市郊野村落发展新思路，推动特色村落社区建设，打造田园综合体，实现居民收入水平和生活质量的提高。

龙 岗 区

环水楼

　　环水楼位于深圳市龙岗区宝龙街道龙新社区，是一座保存完整的客家围屋，创始人是叶树棠先生。根据叶姓族谱记载，叶树棠，字冠乾，号德根，是叶氏先祖沈诸梁公的 112 世裔孙，国子生，岁进士，清朝同治十二年（1873）癸酉加授翰林院待诏，赐封儒林郎，州同衔；生于嘉庆二十五年（1820），卒于光绪十四年（1888），享寿 68 岁。叶树棠晚年辞官离京，于光绪六年 60 岁时，先居惠州府淡水秋长叶姓村，再携儿带孙，落脚龙岗兰水坐开基立业。他在当年（1880）斥资 8 万余两白银动工始建，后经两代人的艰辛劳作，历时 18 年，终于在光绪二十四年（1898）建成这座雄伟壮观的环水围屋。

　　整个环水楼占地约 10 亩，合 6000 多平方米，加上门前禾坪鱼塘及两旁的附属建筑，共有 12000 多平方米。继承了古代庄园式的建筑风格，属典型的客家城堡式围屋，同时吸收了广府斗廊式建筑的样式。围屋内有大量花鸟雕栏，既精致，又壮观。之所以叫环水楼，是因为楼前本有一条小河，但河在 1993 年被填掉盖屋。

　　环水楼依山而建，俯视呈长方形，逐层递进，六厅十八井，四进一围龙。四角是四个碉楼，当中横着一条天街，共180多间房屋，内居数百人。围屋正中是祠堂，上厅、中厅、下厅皆雕梁画栋，极显传统文化韵味。环水楼围屋四进中，一进是大门"朝议第"，为家族开会议事之用；二进下厅，屋檐镌刻祖训集句；三进中厅"思德堂"是缅怀德根公的所在；四进上厅供奉历代祖宗牌位。

据史料记载，叶树棠敏而好学，同治十二年（1873）被授予"岁进士"。为给后人提供良好的教育，他在环水楼左侧修建一间名为"崇正学校"的私塾，街坊邻居的孩子都可在此接受教育。此后，私塾内走出不少文人骚客，叶氏的两位后人也先后被授予"岁进士"。叶树棠的大儿子叶伯熙是光绪二十二年（1896）的岁进士（即岁贡生，京城国子监读书后被录用，专贡给皇帝备用的人才）；长孙叶鼎基是光绪二十九年（1903）的岁进士（癸卯科第一名岁贡生）。这样，加上叶树棠早年的"岁进士"，就成为深圳有名的一家祖孙三代进士。（因为"岁进士"未进殿试，故只作人才储备，不封官。）

走在环水楼内，处处可以看到房屋主人崇尚儒家仁义的踪影。入口处有处仁兴门，上书一对联：仁里春常在，兴门福骈臻。意为做人要心怀仁慈，只有这样，如春天般美好的日子才会长久，兴旺发达的福气才会降临。屋内祠堂是供奉叶氏列祖神牌的地方，也是后人祭祀的场所，而在祠堂横巷的门上各有一组词语，右边是"孝友"，左边是"恭敬"。楼内中厅的屏风牌匾刻有"思德堂"，告诫后人要以德行天下。

叶树棠的二儿子叶佐熙，于同治七年（1868）考取归善县（今惠阳）武学第二名。三儿子叶雍熙为晚清中书科中书（即为当朝掌

▲

环水楼继承了古代庄园式的建筑风格，属典型的客家城堡式围屋，同时吸收了广府斗廊式建筑的样式。围屋内有大量花鸟雕栏，既精致，又壮观。

书写诰敕等文事，官阶从七品）。长孙叶鼎基被赐封朝议大夫（朝议大夫概为从四品）。四孙叶泰基亦敕授朝议大夫，钦加同知衔，赏戴蓝翎。

还有孙子叶强基，生于光绪二十年（1894），香港大学堂学士毕业，为中华人民共和国成立初广东省政协委员，从事医学研究。1964年，叶强基逝世时，广州市市长罗范群，东江纵队的原领导人尹林平、曾生将军等政要都担任其治丧委员会委员。叶树棠六世嫡孙叶允平，于上海复旦大学毕业后，考入美国纽约大学，攻读博士学位，供职于华盛顿瑞士银行，司职策划及市场分析。

环水楼不仅在文化领域人才辈出，在经商方面也曾经盛极一时。环水楼曾有商号"骏兴祥"，全盛时期不仅在广东省，而且香港和东南亚地区都有分店。至今，马来西亚吉隆坡还有环水楼后人经营的商店。还有多位环水楼后人现在活跃在珠三角经营各行生意。当时，很多宝安人都知道龙岗"叶屋"。

在抗日战争和解放战争中，"崇正学校"还作为龙岗地下党宣传革命思想的重要场所。

环水楼当年相当热闹，30多户人家生活在一起，相互间串门是家常便饭。夕阳时分，大伙就会在屋前的大树下乘凉聊天；逢年过节的祭祀活动，祠堂里人头攒动。中华人民共和国成立后，随着生活水平的提高，大家陆续搬离，热闹的环水楼逐渐冷清，楼内开始长出杂草，许多墙体脱皮，部分屋顶瓦片坍塌开了"天窗"，成了收废品人员的聚集地，颓败之象日趋严重。

新桥世居

　　新桥世居位于深圳市龙岗区坪地街道坪西社区下高桥居民小组。由萧氏建于清末，为三堂四横布局，朝向东偏南20°。通面阔120米，其进深因后部残毁已无法准确测量，占地面积约15600平方米；土木结构。前有大型完整之月池，长102米，宽35米。禾坪亦宽阔。

　　正面开五门。正门楷体阳刻"新桥世居"。门楼灰瓦顶，尖山式硬山，船形脊。其他四门各通一宽敞的横街。前天街完整。宗祠居中，两侧建筑多已坍塌。三堂均为船形脊，瓦顶，尖山式硬山，水泥地面，脊上雕饰古朴。前堂门额题"萧氏宗祠"。后侧隔扇门线刻彩绘华丽，额题"兰桂飘香"。中堂屏风门亦雕刻彩绘，匾额楷体阳刻"光前裕后"。后堂神龛题"系接揭阳先祖源流远，谱传坪地后人世业长"，横批"承启堂"，供奉萧氏历代高曾祖考妣神位。

新桥世居位于深圳市龙岗区坪地街道坪西社区下高居民小组。由萧氏建于清末，为三堂四横布局。朝向东偏南20°。通面阔120米，其进深因后部残毁已无法准确测量，占地面积约15600平方米。

鹤湖新居

鹤湖新居位于深圳市龙岗区龙岗街道南联社区罗瑞合居民小组，为广东梅州兴宁客家人罗瑞凤于清朝乾隆年间兴建，历经罗家三代人数十年的努力而建成，距今已有200多年的历史。鹤湖新居总占地面积约2.5万平方米，围屋（不包括月池、禾坪）占地面积约1.5万平方米，是全国现存最大的客家围屋之一，被誉为"客家建筑的活化石""客家建筑艺术的结晶"。它集中了广东各地客家围屋的精华，是深港地区城堡式围楼的典型代表。为广东省省级文物保护单位，是客家人开发深圳地区的历史见证，为研究深圳历史、文化、民俗和建筑等提供了重要的依据。

该围屋坐西南朝东北，原为依山面水，地势前低后高，取"步步高升"之意。它由内外两围环套而成，内呈方形，外呈梯形，内外围各有四角楼、一望楼，倒座东北面三开门，中心为府第式三堂两横，前有禾坪、月池。围屋内有300多间居室，最多可容纳1000余人。鹤湖新居集生产、生活、防御等多种功能于一体，龙岗罗氏家族曾在此聚族而居近200年。

鹤湖新居以三合土夯筑为主，卵石、青砖砌筑为辅，还有大量木构件用于承重及装饰，用料扎实，做工精细，主体结构一直保存较好。然而毕竟经历了 200 多年的风雨侵蚀，围屋内许多房屋坍塌，断墙残瓦随处可见，许多木构件也遭到损坏，仅有祠堂和倒座的部分房屋相对完好，可以用作展厅，供游客参观，其余大部分地方因安全问题而拉起警戒线禁止游客进入。

龙岗街道历来重视对鹤湖新居的保护工作，早在 1996 年就将鹤湖新居辟为龙岗客家民俗博物馆，将保护工作纳入当地政府工作之中。2002 年，该围屋被广东省人民政府公布为广东省省级文物保护单位，市、区、街道三级政府进一步加大保护力度，组织文物保护、城市规划等方面的专业队伍对围屋进行深入调查研究，经过多次专家论证，最终确定了保护与修缮方案。一期修缮工程于 2010 年开始施工，以《文物法》"不改变文物原状"的规定为指导思想，岭南各地客家围，遵从保存原形制、原结构、原材料、原工艺的"四保存"维修原则，精心组织施工。至 2019 年 7 月底，该工程已基本完工。

目前，鹤湖新居修缮工程范围内的房屋整体得到加固维修，大部分房间已经排险。修缮后的鹤湖新居墙固路平、巷道井然、绿树掩映、鸟语花香，重现了昔日恢弘古朴的气势。

鹤湖新居所处的罗瑞合居民小组，是龙岗中心区域的城中村，其周围高低不等、风格不一的私宅，与文物景观极不协调，并且这里基础设施不完善，城市管理相对滞后，环境脏乱差一直是景区周边的顽疾。针对这些问题，龙岗街道逐个剖析，从根本上予以整治。至 2019 年 8 月初，周边环境得到了显著改善，与围屋风貌更加协调。

　　鹤湖新居正门前有月池，原为活水，后因常年无人治理而成死水一潭。在治理过程中，工程队疏通月池的入水及出水口，基本恢复了原有的整洁面貌。

　　针对周边的不协调建筑，博物馆配合有关部门对其进行了立面改造，使之从外部颜色上与围屋接近，增强了与景区的协调性。另外，治理过程中还规划了停车场，改善原来因乱停车而破坏围屋外观的现象，初步完成了月池广场周边环境的改善工程。

　　周边环境绿化是整治工作的一项重要内容。现在，月池前的空地种有木瓜、细叶榕及草坪，景观周围遍植绿竹，一派田园诗意。青翠绿竹、参天古榕映衬着灰黄的老围屋，古朴中透出生机，庄重处闪现灵动。

田丰世居

田丰世居客家围位于深圳市龙岗区龙岗街道新生社区田祖上村。建于清康熙元年（1662），由梅州兴宁迁居深圳龙岗的刘姓客家人所创建。朝向南偏东45°；面阔126米，进深83米，占地面积10458平方米。

田丰世居是带四角碉楼的围村，四周围墙用三合土夯筑，内共建有房间78间，皆为斗廊式单元平房。前有宽39.2米的月池和宽12.6米的禾坪。正门匾额上镌刻"田丰世居"四个楷书大字。其后是宽6.9米的前天街，天街两端有两重券门通向世居外。正面围墙内有后来加建的单坡瓦面的平房。隔前天街与世居正门相对是三开间、三进深、二天井祠堂。三堂屋均面阔三间。前堂门横额刻"兰桂胜芳"四字。前檐梁架用一斗三升，驼峰呈圆鼓状，梁头作龙首状。内建屏风门；硬山，灰瓦。

中堂进深7.45米；梁架为抬梁式与穿斗式相结合；八角、鼓形柱础；驼峰雕成莲花状。后檐柱间有"彭城世居"匾额。后堂供刘氏祖宗牌位。两侧对联为"祖宗功德乾坤大，田丰世泽日月长"。横批"天禄流芳"。檩枋下刻有"富贵双全，百子千孙"。值得一提的是正门楼和三堂屋不在中轴线上，而是位于靠东侧的三分之一处，不知是出于何种考虑，此现象在传统客家围堂中少见。屋的北侧还建有昌文公祠（久废）。

祠堂之后建进深8.85米排屋三排。前、后排屋之间有横向巷道。左右有宽1.7米的巷道各一条。排屋两侧与左右围屋之间是宽3.6米的左右天街。碉楼今仅存东北一角，有五层，楼板已经朽烂，不能攀登。

整个世居属围村建筑，格局有别于其他客家城堡式围楼。

高口新居

高口新居位于深圳市龙岗区横岗街道四联社区贤合村，为欧阳氏建于清道光年间的客家围屋。坐西朝东；通面阔 55 米，进深 63.6 米，占地面积 3498 平方米。正面围楼宽 13 间，中辟门。前天街两端有门楼通向外面。前天街之后在中轴线上建三开间、三进式祠堂。前堂前部建门楼。木梁架，八角形柱和圆形柱并用，鼓形柱础。檐口用鸡胸椽，前檐用雕花丁头拱承托，檐板雕刻有鸟、花瓶、扇、葵花内容。中堂后部采用前后四柱抬梁式与穿斗式相结合结构。金柱间联横枋，梁架结点用瓜柱驼峰，驼峰多雕动物、花草内容。后金柱间有格扇木构屏风门。后堂檐枋下用雕花雀替。明间后墙置"欧阳堂上始高曾祖考妣神位"。檐枋下有"道光通宝"钱图案。

四角建角楼。其平面呈正方形，边长为 5.4 米。墙体用三合土夯筑而成。所有建筑均为硬山顶，灰瓦顶，脊饰龙纹。该世居的屏风和檐板上的木雕较精美，为其他围楼所少见。

阳和世居

阳和世居位于深圳市龙岗区龙岗街道同乐社区阳和浪村，为黄氏建于清末道光年间。为三堂、两横、四角楼、一望楼、带走马廊的布局；朝向西偏南20°；面阔55米，进深65米，占地面积3575平方米；土木结构；前部是围墙，无围屋；其左、右围屋仍完整；后围龙屋剩一大半，另一半坍塌；南横屋完整，北横屋坍塌；建筑墙体用三合土夯筑而成。

月池已被填为平地。正面开三门；正门为石拱券门，门楣书"阳和世居"四字。世居中部为三开间、三进深的黄氏宗祠；檐口用鸡胸橼，板瓦屋面，平脊；前堂前后出廊，檩下穿枋高浮雕花卉，间书"长发其祥""瑞霭盈门"；中堂前后出廊，用穿斗与抬梁式相结合木构架，方石柱；迎门上书"福禄寿"，檩下穿枋书"奕世荣华""凤趾麟祥"；檐穿枋下雀替为透雕龙。后堂前出廊，仅剩明间一间。

角楼为三层；底平面呈方形；歇山顶，板瓦屋面，船形脊；每层均开了望窗及枪眼。南、北两侧两角楼顶层开小门。东西之间有走马廊相通。

梅冈世居

　　梅冈世居位于深圳市龙岗区龙岗街道龙岗社区杨梅岗村，建于清朝，为赖氏祠堂及世居建筑。该建筑群为三堂两横加外围布局；朝向北偏西15°。先建中部祠堂及横屋，后由于财力不足，围楼未完工。墙体均用三合土夯筑而成。世居面阔67.5米，进深63.2米，占地面积4266平方米。前有月池与禾坪。月池宽67.5米，最大垂直距离26米，与建筑之间距离为11米。

　　前开一正门、两侧门，现两侧门被堵；正门为石拱券门，门额石匾书"梅冈世居"四字；中部三堂为五开间；前堂后出廊，廊穿枋间驼墩刻瑞禽及吉祥花卉等，木雕刻十分精美；中堂前后出廊，梁架结构为穿斗式与抬梁式相混合；两次间木格扇保存完整；后堂前出廊，檐板雕刻花卉、瑞禽、鸟兽等，堂中对联为"光前俊德传家远，裕后鸿图寿久长"。

　　除两个角楼未完工外，其余五个角楼均保存完整。平面呈长方形，高三层；歇山顶，船形脊；各层有枪眼；第三层开两门。各角楼间有走马廊相连，因只有前围完工，可与之相通，两侧围屋也因财力问题未及建成，因而无法相通。

　　目前，世居祠堂功能尚在，周围皆为租户居住。

正埔岭

正埔岭位于深圳市龙岗区龙岗街道南联社区向前村，这里伫立着拥有 200 年历史的客家民居正埔岭。

正埔岭李氏祖公是朝铉公，其于清朝乾隆年间从广东兴宁迁到龙岗，当时才十三四岁。最初，他以煎油糍为生，有一次他借了油坊老板的油做油糍，结果被一条狗撞倒了油罐，怕还不上向老板借的油，一时情急大哭起来。朝铉公虽然年纪小，但为人诚实守信、勤劳节俭，经过多年的努力，生意越做越大，富裕起来的他便开始修建家族围屋——正埔岭。

正埔岭围屋坐北朝南，面阔约 100 米，进深约 52.5 米，占地面积 4996 平方米，建筑为三堂、四横、一围龙、一倒座四角楼，前有禾坪、月池。正埔岭先后经多次扩建而成。最初先建三堂、二横、后带花头的围龙屋，横屋和围龙屋为通廊式单间结构，保留兴梅地区客家围龙屋传统。后建的围楼则成了广府式单元住房。

前有宽 63 米的月池，月池右前方有古井一眼。禾坪宽 13.5 米。

正面开三门，正门与祠堂相对，两侧门与左、右天街相对；倒座进深 7.1 米；三堂面阔三间；前堂进深 5.2 米，前檐用丁头拱承托；中堂进深 7.5 米，内建仪门，门额刻"万福朝堂"四字，内有楹联为：系本兴宁应卜攸宁居世宇，基开归善惟期积善大其间；梁下用雀替，瓜柱承檩，梁头串过柱头并雕龙首，素面驼峰；后堂名"达贻堂"；进深 6.8 米，檩下枋刻有"长命富贵""百子千孙""奕世荣昌"等吉祥语。神台供正埔岭李氏十四世祖李瑞、李珊和开基祖朝铉牌位，内有对联两副，一为：肯堂肯构昭先德，俾寿俾昌启后人；另一为：达道谨循代由簪缨光族系，贻谋恪守世承堂构扩规模。三堂两侧的横屋用于居住。四角建有角楼，现尚存三座。前围东南角炮楼为民国时期所建。

正埔岭整体形制上属于客家围屋从围龙屋向后来的方围转化的过渡型围屋，炮楼带有明显西洋建筑的特征。围屋建筑外观气势恢弘，内部装饰简单朴实，周边历史环境保持较好，对研究客家历史文化变迁具有较高的文物价值。

正埔岭最初先建三堂、二横、后带花头的围龙屋，横屋和围龙屋为通廊式单间结构，保留兴梅地区客家围龙屋传统。后建的围楼则成了广府式单元住房。

西埔新居

西埔新居位于深圳市龙岗区龙城街道爱联社区新西村，是建设比较晚的客家围屋，建成于 1928 年，占地面积 6735 平方米，有着厚重的客家文化底蕴。

李氏宗族的祖辈 200 年前从广东梅州五华一带迁徙到龙岗老西村，180 年前又从老西村迁至西埔新村，勤劳的客家人从此在这片土地上落地生根。

西埔新居如同一座城堡。与罗马城堡偌大的窗户不同，外层墙体的窗户狭小，墙面上还留有些许对外瞭望和进行射击的孔眼。

大门上有"西埔新居"门匾，对联为：尧天舜日，甘雨和风。

李氏宗祠位于老围屋核心，屋顶的飞檐上塑满仙鹤、麒麟、鹿等吉祥物，宗祠外壁上绘着山水画，宗祠内雕梁画栋。以李氏祠堂为中轴线，左右对称的 99 间居民房屋横纵成行成列。

2011 年，李氏宗亲筹款 200 余万元对西埔新居进行修缮，铭刻着客家人沧桑岁月的坑洼和斑驳大都被填平。如今，围屋里的客家人已不需要高墙的保护，大部分都已迁出世代居住的封闭围屋。

2015 年年底，西埔新居因"深港城市建筑双城双年展"进入深圳人的视野。"深港城市建筑双城双年展"是目前全球唯一以城市、城市化为固定主题的双年展，已成功在深圳、香港两地举办五届。双年展以"城市原点"为主题，以"重塑我们的城市和家园，打造美好未来世界"为主旨，倡导对建筑、城市的现状再利用、再思考和再想象。双年展开办至今，2015 年首次在深圳市龙岗区设立分展场，西埔新居就是分展场所在地。

作为龙岗客家文化的载体，分展场以"共享之屋"为主要概念，展现当代建筑艺术和设计作品，并通过微电影追溯历史，呈现"西埔新居"居民的生活环境，记录居民生活的方方面面，进一步展现深圳的历史文脉和地域特色，展示中国传统建筑文化的独特魅力。

2015 年，深圳对龙岗中心城区老西村的城市更新中，对西埔新居的定位也给出了新的方向。在深圳城市更新的过程中，西埔新居由最初的拆迁补偿方案变更为对老屋建筑保护、修缮、后续的维护管理以及周边环境协调治理，体现了深圳对历史文物资源的珍惜和灵活变通。西埔新居的房屋和用地权属在更新实施后维持现状不变。修缮后，西埔新居仍由原村民居住使用。

深圳市龙岗区"三馆一城"和西埔新居的城市更新项目，完善了客家围屋的功能布局，更填补了龙岗中心城作为"城市多功能客厅"的空白，使原址成为集居住、办公、购物、休闲娱乐等于一身的城市综合体，让龙岗的品质和档次得到了提升，是龙岗中心城高端化、规模化商贸服务业的代表。

西埔新居如同一座城堡。与罗马城堡偌大的窗户不同，外层墙体的窗户狭小，墙面上还留有些许对外瞭望和进行射击的孔眼。

西坑村

西坑村位于深圳市龙岗区园山街道南部的西坑社区，梧桐山的北坡，西南与罗湖区接壤，东南面是盐田区。自明代以来，有杨、何、李、曾、黄、沈、魏、余、钟、邱、林等11姓客家人到此开基立村，成为客家人的聚居区。

最早迁徙至西坑定居的客家人先祖，相传为李氏先祖，至今300多年。西坑李氏始祖李秀贤明末率李氏族人，由粤东嘉应州（今梅州市）迁至归善县（原惠阳县）横冈西坑。最初居住在大山口长见岭山脚下茜坑河边，即今茜坑尾。茜坑尾，即河圻仔，介于旧"茜坑河"（即梧桐河）与白鸡斗小山沟溪流之三角地。后来，李姓宗亲由"茜坑尾"迁至近处的地坪（地名），建房居住，黄姓等族人也随后迁来。清雍正、乾嘉年间，大量客家人从嘉应州迁徙而来，因地少人多，居住不便，李、杨、钟、黄等宗亲遂选择茜坑河一块较大的河坝地（即今西坑大围现址）共同修建围屋。相传，当地人因"茜"与"西"口语谐音相近，遂将"茜坑"改成"西坑"，"茜坑尾"改成"西坑尾"。钟氏先人钟钦文先生为大围新屋题写"西坑"

村名和对联，镌刻在围屋中央，上书"西坑"，对联"西居凤翥，坑处龙蟠"。

西坑大围位于西坑中部，大门朝北，通面阔 80 米，最大进深 65 米，占地面积约 5200 平方米。清代建筑，广府式围屋，为三纵巷、四横巷布局。前为倒座，开石拱券门，石匾刻"西坑"二字。两侧灰塑对联为：西居凤翥，坑处龙蟠。围中间纵巷正对协天宫，是祭祀关帝的。民居中建有杨氏宗祠 3 间，曾氏、魏氏、黄氏、钟氏、李氏、林氏、余氏宗祠各 1 间。现四面角楼及东、西、南墙已被毁。房屋多为三合土夯筑，西坑大围是西坑杨氏等姓客家人聚居地，是西坑的客家历史文化的中心。

李家园位于沈屋对面，清代建筑，门额灰塑"李家园"三字，两边灰塑对联：李居千年盛，家和万事兴。据西坑杨氏族谱记载，杨姓始祖杨槐庄到西坑立村后，娶当地李姓之女为妻。据此可知，李姓是早于杨姓先到西坑立村的。

沈屋，即沈姓老屋，位于李家园东面，坐东北面西南，建筑占地面积 1650 平方米。为清代沈姓客家人所建，特别是第 5 排的司马第，是西坑仅见的官宦府第，一排 6 间，大门额上灰塑"司马第"三个字，也是西坑村仅见建筑质量较好的府第。

梧冈围位于西坑社区南，坐西南面东北，为何、邱两姓客家人于清代创建。围门采用上圆下方的石门，墙体采用三合土，青板瓦的屋面，木构梁架。老屋因年久失修，破烂不堪，随着经济发展，基本都被村民拆除，以建新房，仅存门楼。

龙安围位于西坑一村，背有一山岗与梧桐山北脉相连，正面朝北偏西。通面阔 50 米，进深 30 米，建筑占地面积 1500 平方米，为邱姓客家人于清末建造的客家围屋，三堂、两横布局，门额石刻"龙安"二字，整体结构布局尚存，是西坑较为典型和完整的小型客家围屋。

西湖围，又称曾屋围，为客家围屋建筑，是西坑立村曾氏二世祖曾宏于清代所建，由祠堂、门楼、炮楼和排屋组成。大门为半圆形石拱券门，额刻"西湖"二字。祠堂"敬公祠"三开间、两进深。炮楼位于东北角，高五层，为天台女墙方桶式炮楼。

屋角头围屋，始建于清末年间，占地面积 1064 平方米。由三排房屋和炮楼组成，第一、第二排房分别高二层、三层，均为七开间，三间两廊布局，硬山顶。炮楼位于第二排屋西面，高四层，天台女墙方桶式，顶部东北、西南两角设铳斗，相邻的排屋为九开间。建筑体量高大雄伟，较为独特；檐口装饰壁画、木雕精美。围屋整体结构保存尚好，部分房屋存在墙体腐蚀、木构件开裂情况。

裕安堂，又名屋角头，是西坑村典型的炮楼院之一，位于西坑大围西南面，正面朝北偏西，通面阔 43 米，进深 30 米，占地面积 1290 平方米，为西坑杨姓巴拿马华侨杨瑞瑶与兄弟杨福安于 1941 年创建。杨瑞瑶的祖父到巴拿马谋生，后经营士多和酒吧。1949 年至 1984 年，裕安堂曾作为西安小学校址。裕安堂是西坑村一座较为典型的华侨建筑。

下坝杨屋位于西坑三村，为西坑 7 个杨姓客家人及 1 个沈姓华侨于清末及民国时期始建，其中"贤德堂"为尖尾架（今称牙买加）的归国华侨杨游财、杨贤财所建。下坝杨屋是西坑建筑质量最好的历史建筑之一，是深圳龙岗不可多得的华侨建筑。

西坑宝塔，又叫镇狮塔，建成于清光绪十三年（1887），重修于1980年。据传，塔西侧有一山环绕，山上有一巨石，形如狮状，嘴朝西坑村，依风水理论，西坑村将受此狮石所害，为此，于村西北角建一宝塔镇之，寓意是在狮子嘴里竖一坚塔，使其无力危害西坑村。宝塔为等边七角形建筑，正面朝南，整座建筑为青砖砌筑，高四层，边长1.3米，高7.1米，保存较好。

沙背坜炮楼院，建造年代为光绪二十一年（1895），占地面积384平方米，一炮楼拖一屋布局，炮楼位于西北侧，高四层，平面呈长方形，天台女墙方桶式，东北面顶部饰两个锦鲤吐珠排水口；拖屋高两层，七开间，硬山顶、三间、两廊结构，均用三合土夯筑而成。目前，虽然墙体风化比较严重，但文物本体较完整，檐口装饰人物、山水、诗词等，壁画清晰可见，是本地有明确年代记录建筑中最好的天台顶式炮楼。

谭公仙庙，始建于清朝光绪十八年（1892），供奉谭仙公、观音娘娘、财神等，抗日战争时期，被日本鬼子烧毁，只剩下石柱和墙壁。中华人民共和国成立初，一度变为小茶店，成了横岗到盐田的驿站。改革开放后，西坑村民及各方信众自筹资金，在旧址重新建了一座比较简单的谭公仙庙，至今已有三十余年。此庙现在可以容纳数百人参拜，如今适逢政通人和、国泰民安、和谐盛世之际，各界民众祈求平安幸福，各个时节都纷纷前往仙人坳谭公仙庙烧香祈福，祈愿万事胜意、幸福安康。

大鹏新区

王母围村

　　王母围村位于深圳市大鹏新区大鹏办事处王母社区。

　　相传，南宋王朝的都城临安被元军攻陷，皇太后杨淑带领小皇帝沿海路西逃至大鹏，作短暂停留。有一部分受伤的士兵和年迈的老人留了下来。据说留下来的后来都活了下来，而随皇帝母子走的则几乎全部死于崖山之战。留下来的人们在这里歇息养伤，垒墙盖房，捕鱼打猎，开荒种粮。后来，为了纪念皇母，他们把这里称为"皇母围"。由于王母人讲话王、皇不分，于是"皇母围"三字从当地人口里说出就成了"王母围"了。后来，人们以讹传讹，慢慢地，"皇母围"被人们叫成了"王母围"。

　　王母围面宽约81米，进深约65米，占地面积约5300平方米，建筑布局规整，整体朝向南偏东，呈矩形，街道格局清晰，围内建筑十横五纵，以条状分布。南北向4条巷道，东西向9条巷道，共10排建筑200多间老屋，大部分老屋都保存完好，而且已经出租。据了解，目前居住在围屋内的租住人员近千人，原居民大都在我国香港和美国等地居住或者在围外建了新居，留下的原居民不足百人。

王母围面宽约 81 米，进深约 65 米，占地面积约 5300 平方米，建筑布局规整，整体朝向南偏东，呈矩形，街道格局清晰，围内建筑十横五纵，以条状分布。

围前有月形池塘，周边有垂柳、天街、草坪。

在六巷一处小院内有一口有着 700 多年历史却已经被填埋掉了的古井。据当地的老人回忆，水是从后面的观音山上流下来的，井水非常清澈、甘甜，每逢炎热天气，井水变得冰凉，而天气寒冷时，井水温度升高，可以看到有热气从井中升起，而围内居民生活用水就靠这口古井。

1949 年 9 月，深圳还没有解放，当时的军队在此驻扎，有一批在此待命准备接管广州的干部和学生。9 月 30 日那晚，这里的干部接收到香港传来的电稿，电稿上介绍 10 月 1 日将在北京举行开国大典，介绍了首都、国旗、国歌的情况。时任粤桂边纵队参谋长杨应彬组织大家按照电稿说明，制作了一面五星红旗，准备举行升旗仪式，以迎接中华人民共和国成立。10 月 1 日早上 6 时许，近千名部队干部、学生和群众在王母围举行隆重的升国旗典礼。事后才知，北京的开国大典是在 10 月 1 日下午 3 时开始，王母围的升旗比北京天安门广场的升旗早了 9 个小时；也是后来才知道，大家动手制作的国旗，在形制、大小、五角星的位置等方面，和标准的国旗基本一致。

土洋村

　　土洋村位于深圳市大鹏新区葵涌办事处土洋社区，背靠犁壁山，东南是沙鱼涌村，西接盐田、沙头角，南濒大鹏湾，与香港隔海相望。

　　该村最早的建筑多集中在土洋老围，有二十余间客家民居。老围有一大门供出入，门内两侧分别为李氏和利氏的宗祠。李氏和利氏是村里的主要姓氏。李氏为陇西大姓，很早就从甘肃迁徙到梅州，清朝从梅州迁到惠州，再迁到本地。利氏在宋末元初从福建迁徙到河源，清朝雍正年间从河源迁到本地。据说，利、李两家世代通婚，关系一直十分和睦，该村还有王氏、钟氏、范氏、邓氏等。

　　传说，土洋村的名字与一场冲突有关。土洋村附近的沙鱼涌海滩，曾是华南主要交通口岸和物资运输要道，有许多远洋来的物资先运抵此地再发往各地，因此这里名叫"屯洋"。民国初年，葵涌镇其他17个村与土洋村爆发了一场争夺沙鱼涌海滩的冲突。让人意外的是"17村联军"竟然败给了土洋的子弟兵，结果17个村联名上告到当时的宝安县县官处，状纸上写着土洋村民"土霸洋盗"，独占海滩。县官骑马到此实地调查，恰好遇上退潮，海滩和土洋村联成一条直线。结果，县官将海滩"判"回给土洋，但"土霸洋盗"成了土洋人的代名词，随后连地名也被改为了"土洋"。

　　土洋背山面海，社区中央的后背山是制高点，后背山一巷就是天主教堂和当年东江纵队司令部所在地。

　　东江纵队司令部旧址，最早是意大利传教士修建的天主教堂，大约建于1921年。1941年，太平洋战争爆发，教堂的神父逃离土洋。抗日战争时期，广东人民抗日游击队东江纵队在土洋村正式公开宣布成立，并在1943年12月至1945年5月，将这座建筑作为司令部。旧址由主楼、礼拜堂和附属用房等三部分组成，中间有走廊相通，建筑总面积400平方米。西边的主楼是两层半的夯土木构楼房，外观及装饰具意大利建筑风格，有一厅一厢房。楼上有阳台；楼高9.8米、宽11.4米、深7.75米；顶部有一个方形类似钟楼的建筑，上面有一个墨绿色的十字架。东边的礼拜堂，砖木钢梁结构。1943年12月，广东人民抗日游击队东江纵队成立后，这里成为东江纵队司令部和中共广东省委临时常委所在地。教堂主楼原为神父寝室，会议室设于正厅，楼上为司令部成员曾生、尹林平、王作尧住处。主楼西侧有两间加建的小平房，砖木结构，作为马厩和电报房。楼房后面有一小块平地，是当时练兵场，中华人民共和国成立后，人民政府在此修建了一座东江纵队纪念亭。1944年8月，中共广东省临时委员会和军政委员会在葵涌土洋村召开联席会议，会议分析了当时广东和东江地区的斗争形势，作出6项重要决定，对加强广东党组织的建设和军队建设，全面发展广东的抗日武装斗争，具有重大的战略意义，史称"土洋会议"。现旧址保存完好。1984 年，深圳市人民政府将其公布为文物保护单位。

抗日战争结束后，根据国共两党重庆谈判签署的协定，东江纵队主力须北撤烟台。1946 年 6 月 30 日，在以曾生为首的北撤部队军政委员会的统一指挥下，北撤人员 2583 人在大鹏半岛的沙鱼涌登上美军三艘登陆舰开赴山东烟台。1985 年 9 月，当年东江纵队北撤登船地点建立了东江纵队北撤纪念亭和纪念碑。

20 世纪 80 年代，深圳经济特区正以"三天一层楼"速度飞速发展，然而在二线关外的部分村落，依旧是渔村的田园生活，土洋村也是如此。拥有东江纵队司令部和北撤处等历史遗迹的葵涌镇土洋村仍是个名副其实的渔村，村民以"男人出海打鱼，女人在家种田"为业，生活窘迫，村集体几乎没有一点资产。

1987 年，利锐良说服家人拿出自家的房产证作抵押，贷款 15 万元，开始修建厂房。1987 年，这个深山坳里的小村引进了第一家合资加工厂，实现了工业从零起步。很快，土洋实现了工业取代农业，村民收入翻番。到了 20 世纪 90 年代，村民全部盖起了新房。随后，土洋村创造了葵涌镇许多的第一：全体村民第一家集体分红，第一家集体办社保，第一个医疗保险站，第一个村级派出所……

如今的土洋社区，已由过去深圳最贫穷、最偏僻的地区之一成为节假日人人向往、争相驱车前往观光旅游的好地方，尤其是盐坝高速的开通，给游客带来了更多便利。土洋的免费海滩、美味海鲜、优美的自然风光和客家人文风情都有着不小的吸引力。每年临近七一，仍有许多群众和党员到东江纵队司令部旧址参观游览，或者过组织生活、进行新党员入党宣誓，激荡人心的依然是土洋的这段红色历史。

三溪黄屋村

　　黄屋老围位于深圳市大鹏新区葵涌办事处三溪社区。从高处俯瞰，这座有着数百年历史的古村落呈方形，大小不一的屋顶错落有致。位于前排正中的黄氏宗祠坐北朝南，后面是近年来当地居民的自建房，再往后便是被当地人称作"三溪山"的连绵山脉。老围门前有一口池塘，不时有黄蝶、麻雀飞舞，经过修缮的大门上则写有"千顷旺波，九龄温席"的门联。

　　黄屋老围占地约1万平方米，共约80间房屋，有近400年历史，是深圳范围内罕见的建筑文物，而且至今保存较为完整。其中，黄氏宗祠面积约800平方米，抬梁式木架构建筑，呈三进两间布局，前座置有左右厢房，中座是当年乡绅聚会的场所，后座则是供奉祖先的地方。

　　黄屋老围的祖先是从河源市紫金县迁来，原来的老屋后面是一片茂盛的树林，有成群的白鹭栖息其上，远远看去呈一片白色，所以当地有这样一种说法：看到一片白，那就是三溪。

　　黄屋老围共有3个入口，经过狭小的巷子，可以看到较为气派的南门，那是古村的正门。约 1.5 米长的门槛石前开有一排孔洞，七八米高的大门上设有阁楼，阁楼内有两个正对村外的圆洞。

当然，大门除了有抵御入侵者的作用之外，还体现了黄屋村的人文情怀。门楼上刻着出自《易经·履卦·上九》的"视履考祥"四个大字，意思是处于人生艰难跋涉之途的君子，应该经常检视自己所走过的路，并考察前途可能出现的新情况。不难想象，黄屋老围的先人有"回望过去，展望未来"的优良传统。

沿着小路向东走到尽头，抬头便见大榕树、土地庙，旁边还保留着一间别具一格的书屋，清水墙经过岁月的洗礼，依然保存着厚重的历史韵味。据村里的老人介绍，书屋以前是所学校，在革命年代，还曾是东江纵队的秘密联络点。这里的教师都是一边教书一边从事地下工作，宣传抗日。

黄屋老围的屋主百分之八十都居住在港澳地区，到 20 世纪 90 年代，老屋住的村民也陆陆续续搬出来了，古村渐渐静了下来。但是每逢过年过节，黄氏族人都会从四面八方赶回来，在老屋前祭祖、聚会。

鹏城村

　　鹏城村位于深圳市大鹏新区大鹏办事处鹏城社区，是明清时期大鹏所城的旧址。1983 年 7 月，撤销大鹏公社，设鹏城乡，隶属大鹏区。1986 年，改区建镇，鹏城村隶属大鹏镇。自然村有东南村、东北村、西北村、西南村、乌涌村、较场尾村和四和村。

　　明洪武二十七年（1394），广州左卫千户张斌奉命筑大鹏守御千户所城。整个古城呈方形布局，地势北高南低。据康熙版《新安县志》记载："……沿海所城，大鹏为最……内外砌以砖石，周围三百二十五丈六尺，高一丈八尺，址广一丈四尺，门楼四，敌楼如之，警铺十六、雉堞六百五十四，东、西、南三面环水，濠周围三百九十八丈，阔一丈五尺，深一丈。"清代初年，以李万荣为首的抗清队伍占据大鹏城达十年之久。1656—1668 年，李万荣被招降，新安县知县傅尔植奏设大鹏所防守营。康熙七年（1668），清政府实行迁界禁海，大鹏所防守营被并入惠州协，受惠州协副将管辖。康熙四十三年（1704），大鹏所防守营被提升为大鹏水师营，管辖深港大部分地区海防，共有大炮一百八十门。雍正四年（1726），裁游击，改设参将，隶属广东水陆提督管辖。嘉庆十五年（1810），水陆区分，广东增设水师提督驻虎门，大鹏营为外海水师营，归虎门水师提督管辖，兵额 800 名。道光十一年（1831），大鹏营分为左右二营，左营驻扎大鹏城，右营移驻大屿山东涌寨城。道光二十年（1840），林则徐奏请将大鹏营改为大鹏协，统率左右二营。道光二十七年（1847），九龙城建成，大鹏协副将移驻九龙城，统辖左右二营。

古城占地 11 万平方米，历史环境保护较好，城池格局完整，街道空间特色突出，文物古迹众多。东城墙约长 306 米、南城墙约长 255 米、西城墙约长 318 米、北城墙约长 361 米。除西城墙毁坏殆尽，南城墙近西南角处、北城墙的东段和西段都还存留一段土垣。东城墙北段（东城门以北）保存最好，残长 100 多米、残高约 4 米、墙基残宽约 8 米。在近东城门处尚存长约 2 米的一段城墙基以及四层包砖。可以认定，该城墙是板筑夯土墙外双面包砖。

东、西、南三座城门尚存，其中东、南两门保存较好，皆为明代建筑。北门在清嘉庆年间修葺时被堵塞。门道地面一般用花岗岩石板铺设，顶部用平砖和模型砖以三顺三丁的纵连砌法结拱起券。内设双重门，第一道门为上下起落的闸门，设在门道的前半部分；第二道门设在门道的前后两部分的交接处，由向内开的两扇门扉组成。

城内东西、南北向的主要街道有 3 条：南门街、东门街和十字街，街道地面用长条石板铺筑，街道宽约 4 米。明清两代，大鹏城内主要建筑有参将署、县丞署、军装局、关帝庙、天后宫、守备署、赵公祠、华光祠、刘起龙将军第、赖恩爵将军第等。

振威将军第位于大鹏城南门内右侧，拥有数十栋屋宇、厅、房、井、廊、院等，其中牌匾众多，雕梁画栋，是广东省不可多得的大型古建筑。振威将军第乃是抗英名将赖恩爵的府邸。赖恩爵（1821—1848），字简廷，大鹏鹏城人。赖家数代行伍，他因之自小从军。其父赖鹰扬，清道光年间曾任浙江定海总兵。道光十九年（1839），十八岁的赖恩爵任海门营参将。奉林则徐之命，率水师兵船 3 艘进驻九龙湾，禁绝走私鸦片的英国人的粮食和淡水供给。在英军舰的突然袭击下，指挥水师兵船及炮台官兵英勇还击。经过 5 小时激战，击沉两艘英舰，打死打伤英军 30 多人，英舰大败退回尖沙咀。随后又令水师烧毁英商鸦片趸船多艘。由于在九龙海战中战绩卓著，他得到道光皇帝赏识，被御赐"呼尔察图巴鲁"（满语，勇士之意）称号，赏戴花翎，晋升为副将。同年九、十月间，奉广东水师提督关天

鹏城村位于深圳市大鹏新区大鹏办事处鹏城社区，是明清时期大鹏所城的旧址。1983 年 7 月，撤销大鹏公社，设鹏城乡，隶属大鹏区。1986 年改区建镇，鹏城村隶属大鹏镇。

培之命，带兵移守大屿官涌炮台，兵分五路于尖沙咀截击英军。经过十天六次战斗，击沉英舰两艘，英军被逐出尖沙咀海面，取得了中英穿鼻海战的胜利。赖恩爵后任南澳镇总兵，多次平定海盗侵扰。道光二十四年（1844 年），擢升为广东水师提督。1848 年，封振威将军，同年辞世。

建在原北门址南的关帝庙、火药局和东南侧的文庙，建筑虽被毁，遗址仍保存完好，文庙东侧是华光庙遗址。南门外原建有炮台，其遗迹尚存。1982 年，在附近征集到两尊铁炮，一尊可能为明末遗物，另一尊铸于康熙十九年（1680），两炮现存于深圳博物馆。

其选址除从战略角度考虑外，还充分利用了地形特点，适应当地气候条件，通过人工努力，增强了抵御自然灾害的能力。例如，为了防暴雨洪水，每家门口都设有挡墙；为了防止台风的侵袭，房子都盖得比较矮实，又相对密集；为了防日晒，小道曲折通幽。同时，由于经济条件所限和节约用地，房屋集中布置。整个古城窄街小巷，石板铺道，明清风格的房屋排列错落有致。

天后宫位于正街，始建于明永乐年间。1985 年，民间集资重建天后宫，复办大鹏清醮，每 5 年举办一次。相传 600 多年前大鹏所城初建之时，北城门一带即发生瘟疫，人畜死亡，引起百姓恐慌。负责建城的首领请来堪舆师，经勘测认为北门是白虎门，故而堵上此门，另请来道士"打醮"做法事，以保佑人畜平安，四季和顺。古时，新安县"打醮"有两种形式：一为解除瘟疫的"瘟醮"；二为酬神庇佑、祈求平安的"太平清醮"。大鹏所城明清以来即为海防重地，抗日战争和解放战争时期又是革命根据地，战事不断。大鹏清醮在相当一段时期是为纪念阵亡军士和超度海上罹难孤魂的"瘟醮"，后来太平盛世则改做"太平清醮"。大鹏清醮自明清以来举办了近百次，直到中华人民共和国成立后停止了 40 多年。大鹏追念英烈习俗与当地对天后娘娘的信仰息息相关，打醮场地设在古城西门天后宫的空地。举办清醮之年，于春节的年初七至正月十五期间挑拣吉日，为期 7 天。

鹏城东门外有东山寺，始建于明洪武二十七年（1394）。据说赖布衣云游大鹏湾，路经东山龙头石山，发现该地有紫霞光，此乃吉祥之光，便告诉当地村民，此为圣地，在此建一座庙宇，可保一方平安，于是建成了东山寺。明代王德昌重游东山寺时，题七律《大鹏东山寺》一首："不到东山而是秋，西风藜杖又重游。烟霞有约山如画，岁月无私人白头。檐下花飞深院静，菩提树荫古坛幽。丹梯欲上应长啸，遥望汪洋天际浮。"据清康熙版《新安县志》中记载："东山寺，在大鹏所东门外山上，中为观音堂，左为关帝殿，右文昌阁，前三宝殿。"东山寺于清代咸丰四年（1854）重修过一次。现在的东山寺为混凝土结构建筑，清水砖外墙，黄色琉璃瓦屋檐，依山势从低到高分成四进，前后进之间有天井隔开。第一进前门，门前有十一级石阶，东侧禅房和客厅，西侧厨房。第二进关帝殿，供奉关帝神像，右为玄坛，后为韦陀塑像、雄钟和大鼓等。第三进大雄宝殿，设三宝佛和十八罗汉，右为医灵殿。第四进观音堂等。寺内增建黄大仙殿。寺院墙壁镶嵌福建彩画一百八十幅，寺外新建凉亭、水榭假山、石龟和花苑，周围新种桃李、枇杷、沙田柚、龙眼和荔枝等果树。

王桐山村

王桐山村位于深圳市大鹏新区大鹏办事处王母社区。

王桐山村坐东南向西北，王母河从村西流过，村东是蜈蚣岭。因旧时山上种植王桐树而得名。相邻的村落有中山里村。旧村在村南侧，现存客家民居20余间，主要集中在钟氏宅第。

这里是客家村落。主要姓氏为钟氏，明朝时从福建汀州迁徙到广东惠东，再迁到南澳西贡村。据说钟鸣瑞带着两个儿子来到南澳西贡村，自己就离开了。清康熙年间，长房在西涌落户，二房迁来此地落户。

钟氏大宅坐北朝南，整体为砖木结构，为清中晚期所建，是一座祠宅合一的居民建筑，为五开间、三进深、两天井的布局。木雕、砖雕、彩画及灰塑工艺细致。图案上还刻有贴着金粉的"百子千孙""长命富贵"字样和八卦图，颜色以绿色为主，紫蓝色、土黄色为辅。钟氏宗祠始建于清乾隆十九年（1754），面积290平方米，四进深、三天井布局。门联为：桐山世泽，颍水家声。中堂屏风上有"壁水腾辉"的牌匾。堂中有一面墙，神龛几乎覆盖了半面墙，镂空木雕图案,供奉着钟氏祖先牌位。

在宅第西南角还有一座碉楼，高约15米，为清代钟氏大宅的防卫设施。楼顶为拱形，朝东的檐下有"天一涵虚"四个斗大苍劲的欧体楷书。此外，古碉楼四壁还有多处望窗和用自制土枪打出来的炮眼。碉楼建于清康熙年间，五层高的碉楼当时是大鹏最高的建筑。整堵古楼墙以花岗岩条石砌筑，墙垣是用浓灰沙拌糯米饭舂成，非常坚韧。除了防卫，这栋古碉楼还曾是一座私塾。大鹏书院是整个大鹏最早的一间学校，数百年来为这方土地培养出了不少人才和革命志士。在钟氏大宅中厅，高悬着一块"壁水腾辉"的匾额。乾隆十九年，钟家出了位国子监太学生，这块匾就是为其所立。到了近代，为了让村里的适龄孩童获得良好教育，钟家还专门请来一位留日归国的老师。老师名叫蓝逸纯，早年接触了不少西方文化，在书院里教授学生们先进思想，一时名声大噪，吸引了许多其他村庄的子弟前来求学。王桐山书院也成为抗日战争时期大鹏的革命发源地，袁庚、钟原、蓝造等一批爱国革命志士就在此受启蒙，后来积极投身革命。

王母钟氏这一支人口不密，但家风严谨，书香传家，士绅乡贤辈出，在当地颇有影响力。钟家现在在海外有 400 多人，在王桐山村的仅有 90 人。钟氏后人虽散落世界各地，从事各行各业，但是家族之间往来密切，仍有联系。

钟氏大宅目前正在进行修缮，计划建成"大鹏书院"，成为一处历史文化场所，展示农耕时代的农具，将王桐山村的历史变迁陈列出来，同时将钟氏一族的家族变迁历史展示出来。此外，这里还将展示红色主题，讲述袁庚、蓝造、钟原、钟宝钻等东江纵队的一些重要人物的故事。

大鹏书院是整个大鹏最早的一间学校，数百年来为这方土地培养出了不少人才和革命志士。

坪 山 区

黄氏客家围屋

黄氏始祖朝轩公在清初"迁海复界"后由惠东迁来龙岗,在坪山建黄氏宗祠。其子居中公于康熙三十年(1691),携三子迁居坑梓,先在老坑建黄氏宗祠,并逐步发展,先后在坑梓镇建立了数十座大型围屋,成为当地望族。黄氏祖训云:"年深外境成吾境,日久他乡即故乡。"黄氏赶上清朝初年有名的"康乾盛世",社会经济稳定发展,商业、手工业也不断繁荣。黄氏秉承客家人勤奋吃苦之传统,一面坚持耕读传家的传统,同时更新观念,摒弃客家人一贯重农轻商的传统观念,对士、农、工、商、学一视同仁,积累了巨大财富。坑梓出产大米、花生、甘蔗,黄氏收购大米、开油坊、榨蔗糖,将米、油、糖贩运到惠州等地,再从惠州买回肥料和石灰卖给坪山坑梓的居民。农民若买不起,可以赊账,秋后再还。这样,当地生产得到促进,黄氏的财富也迅速积聚起来。随着人口与经济实力的增长,黄氏又向坑梓东部大沥河流域拓展,在坑梓30平方千米的地面上,沿两个水系,先后建成近40座大中型围堡。

数代人努力经营,最终垦荒有成,依靠规模化的农业、手工业

"阿婆叫沥"被认为是坑梓的母亲河，数千米长的河道沿岸，串起了几十座大型围屋式客家民居。图为东部阿婆叫沥流域部分黄氏村落分布图。

和商业活动，打下了家族日益雄厚的经济基础。坑梓黄氏不是靠走私，而是靠规模化的农业生产、手工业和商业积聚了这么多的财富，确实有过人之处。

坑梓属丘陵台地，西边的"阿婆叫沥"与东部的"大沥"从南至北流入淡水河。"阿婆叫沥"被认为是坑梓的母亲河，数千米长的河道沿岸，串起了几十座大型围屋式客家民居。该地有一条小河，名为"九曲十三弯"，相传在很久以前，有一族人阿婆，逢久旱枯雨季节，为求当年五谷丰收，向天公祈求哭诉，泪流成河。这条小河是坑梓黄氏宗族的生命河，更是各村围赖以发展和联系的纽带。沿河徙居，可以说是客家人的一种生存方式。黄氏宗族所形成的村围群落，无不与这一条河息息相关：小河的坑梓源头正是居中公所建的黄氏宗祠。溯流而上，可至坪山江边村的黄氏宗祠；顺流而下，分别可见新乔世居、龙田世居和龙湾世居等，按流向先后排列出各村围兴建年代的先后顺序。

黄氏祠堂位于坪山区坑梓街道老坑社区，是客家宗祠与住宅合一的围龙屋，始建于清康熙三十年（1691），由黄氏二世祖黄居中所创建，因其后有洪围山而得名。建筑布局为三堂、两横、带后围龙屋，朝向正东北，前有禾坪和月池。

新乔世居位于坑梓街道秀新社区，是坑梓黄氏三祖公黄振宗（昂燕）于乾隆十八年（1753）建成，为三堂、四横、一倒座、一围龙、四碉楼、一望楼建筑，占地8000余平方米。堂横屋前有天街与前围相隔，正门楼内建有牌坊，门前有禾坪，左右有转斗门、照墙和半月形池塘。祖祠在中轴线的上堂，挂有"文魁""恩贡"等牌匾，表明文风之盛。

龙湾世居位于坑梓街道大水湾村，建于清乾隆四十六年（1781），在坑梓属于保存较为完好的客家围屋。新乔世居临近竣工，黄昂然发现所备物料经费都大有富余，便让儿子到大水湾另寻吉基，仅隔二十七年，又建起一座"龙湾世居"。龙湾世居和其他围屋的建筑结构很相似：三堂，至少三横，一个前坪，前坪正前方有月池，第一横的左右两端都有角楼，每个角楼下有一个侧门。中堂门上匾额内容为"龙湾世居"，并留有"乾隆辛丑仲冬"的字样，其中乾隆辛丑年即乾隆四十六年、公元1781年，仲冬即冬季第二个月、农历十一月份，可见当时房子是冬天落成的。左边堂门上对联的横批是"三多"，右边堂门上对联的横批是"九如"。这都出自中国的古典文献，其中"三多"出自《庄子天地》，原意是多福多寿多男子。

龙田世居位于深圳市坪山区坑梓街道田段心社区，建于清朝道光十七年（1837），为黄氏宗族第五代世祖黄泰元携其子共同兴建，占地5000平方米，是深圳目前保存最为完整的客家围龙民居之一。1987年，被列为宝安县第一批重点文物保护单位。2002年8月，被核定为广东省第四批省级文物保护单位。龙田世居三面环水，水面宽约16米，呈半圆形，另一面是高大的围墙，水面上一座小桥通往对岸的一个亭子。这个半圆形的河岸与外墙呈龟背状图案，为各地围屋所少见。院墙通高9.5米，用厚约0.8米的三合土砌筑而成，墙面有葫芦状枪眼，顶部用灰砖叠涩砌成棱形锯齿状屋檐，出檐约0.5米。围屋坐北向南，位于花园中间，围屋外两侧傍河处各建有一排

龙湾世居位于坑梓街道大水湾村，建于清乾隆四十六年（1781），
在坑梓属于保存较为完好的客家围屋。

房子，围屋前有宽敞的晒谷场及与围河相通的池塘。整座围屋四周壁立、高不可攀。大门上有一门额，上刻："龙田世居，道光十七年丁酉岁仲夏穀旦隽卿建立。"墙上的对联"龙门得意揭春榜，凤诏新颁建立田"，寓意着龙田世居名字的来历。迎面是一座精美的牌坊，形制高大，其上雕刻有各种人物故事、亭台楼阁和动植物等。牌坊的正面写着"众山一览"，当是指世居的门前盛景，倚门而立，完全是一览众山的景象。牌坊背面的"履泰晋升"大概是期待出门而去的海内外黄氏子弟能够吉星高照、一路青云。穿过"下天街"院落是龙田世居的祠堂，分上、中、下堂：上堂为祭奉祖先牌位的场所，中堂为族人举行重大活动如婚丧嫁娶的地方，下堂则

龙田世居三面环水，水面宽约 16 米，呈半圆形，另一面是高大的围墙，水面上一座小桥通往对岸的一个亭子。这个半圆形的河岸与外墙呈龟背状图案，为各地围屋所少见。

为日常活动的空间。祠堂在围屋的中心，祭祀活动也是黄氏家族最神圣的活动之一。直到今天，黄氏后人无论走得多远，都会回来拜祭祖宗。据介绍，每年都有不少旅居海外的黄氏后人回来寻亲问祖、追溯先祖的奋斗足迹、祭祀黄氏先祖。祠堂内有"玉燕石麟"的匾，字句出自宋代词人吴泳的《摸鱼儿》，应是黄家人祈降祥瑞之意。天井中有两道小游廊，门楣上一刻"留耕"，一刻"树德"，自然是祖先对后辈的训导，德于心以修身，耕于斯以齐家。相邻的私塾为黄氏后人的学习成长提供了绝佳的场所。两侧纵向门廊的排列上，从正面侧门对着的"纵向天井"内各门廊，逐级向内收分，有半门之差，避免轴线上各门廊直接相对，有"财气不可外流"之寓意。围屋四角及北面正中设有四层楼高的炮楼，炮楼间连以跑马廊使围屋显得气势恢宏。整个村围之内共有 33 套家庭生活单元，均带有自己的天井、堂屋以及围绕它们合理组织的卧室、厨房、水房甚至门廊、照壁等，自成完整的生活系统。

龙敦世居位于坑梓街道下田村，建于道光年间（约 1850 年），占地 1.6 万平方米，是三堂、两横、四角楼形制的围屋。围屋坐西南向东北，面宽 60 米，进深 73 米，建筑面积 4700 平方米。前有前坪和月池（风水塘），现改为篮球场。两层围屋，围在三堂两横四周，外墙上有枪眼。围屋原有四角楼，现存三座，另外有一望楼，均三层。正中大门门联为：绩著循良第一，家传孝友无双。

松子坑大围位于坑梓街道老坑社区松子坑村，由坑梓黄氏一世祖朝轩公的第三世孙、坑梓黄氏第五代传人月亭公于同治十年（1871）创建，占地 10000 多平方米，三堂两横形制。围屋未建角楼，只是在后部建一望楼。从月池对面看过去，松子坑大围的右边已经被蚕食了。

盘龙世居位于坑梓街道盘古石村，建于同治三年（1864）。盘龙世居相比其他客家围屋小了很多。龙田世居占地5000多平方米，新乔世居占地8265平方米，青排世居占地10000多平方米，长隆世居占地更是到了18000多平方米，但盘龙世居已经是19世时起的最大的围屋了，可见当时客家黄氏的家道没落了不少。

井水龙大围位于坑梓街道老坑村，围屋只剩下中堂前门那个房间，其他部分都塌完了，前墙后的树木很是茂盛。前坪被改成一个篮球场。站在月池边看过去，看不到围屋，倒是看到了一小片树林。

长隆世居位于坑梓街道金沙村，建于乾隆五十九年（1794），由坑梓黄氏五世祖黄廷元创建。长隆世居是一座大型客家围堡，占地面积18000多平方米，建筑面积超过8000平方米，建筑为三堂、四横、四角楼布局。

丰田世居位于坪山街道六联社区，东有洋母帐村，西有澳子头村，北有浪尾村，背靠猪牯岭，绿荫环抱，门前一汪碧池。按照客家人的说法，这样的客家围屋在选址上既讲究了天人合一，又兼顾了风水。据族谱记载，清嘉庆四年（1799），坪山黄氏六世祖黄维珍从江边村迁居至该地，创建丰田世居。围屋朝向南偏东10°，通面阔64米，进深46米，占地面积2944平方米，以"四扇三间"为基本建筑单位，形成三堂、两横、四角楼结构。房屋左右对称，高墙围合，呈回字形，统称围堡或围屋。围前辟一正门、二侧门，东为东横门，西为西横门。正门为三间牌楼式，门额上方有清嘉庆四年立的"丰田世居"匾额。大门口的对联也是个"藏头联":丰登玉粒,田庆金穰。以"丰""田"二字为上下联首字,其联意一目了然:祈盼田事遂意,五谷丰登;颂扬先贤卓著业绩品格。门楼后有四柱三间式牌坊。坊额正面书"南山毓秀",背面书"淑气盈阶"。其后为前天街,天街后为三进祠堂。前堂宽三间,有屏风。中堂宽五间,后金柱间有屏风门,额书"敬止必恭"四字,抬梁与穿斗式相结合梁架。后堂明间供奉黄氏列祖的牌位和神龛。神龛两侧对联为"绍江夏于无疆昭事先灵期妥估,溯程溪已有本虔将俎豆荐馨香",横批"光前裕后"。后围原有望楼,望楼后又加建一围墙,防范严密,在龙岗客家围中罕见。民国年间,黄氏家族人口增多,遂在世居两侧增建横屋及角楼。各穿枋出头雕夔龙首,檩下穿枋及檐板雕刻均彩画贴金,繁冗华丽。后堂前出廊。神龛今已不存。天井两侧为卷棚顶廊庑,各开一门与两边横屋相连。两横屋及围屋保存完整。原有四角楼一望楼,现仅存一前角楼。平面呈方形,高三层。平顶出女儿墙,两山砌风火墙,有灰塑。每层辟瞭望窗及枪眼。丰田世居(围村)是深圳的客家围村,既受广府围村的影响又保留了客家民居的传统。主要特点是横纵成行成列的房屋,四周被围楼或围墙包围起来,平面呈方形,四角设碉楼。围内的住房多为单元房,有斗廊式或"大齐头"(一厅一房)。单姓围村在中轴线上设祖公堂,而多姓围村则各有祖堂。大门口有禾坪和池塘,这是丰田世居与广府围村的主要区别之一。

霭庐世居位于坑梓街道大水湾村,在龙湾世居附近,建造年代不详。房子里雕花很漂亮,一个罗马表盘,一本书,一点钟,寓意深刻。

吉龙世居位于坑梓街道老坑社区,建于 1888 年。

　　青排世居位于坑梓街道金沙村，因其后有青排岭而得名。南距长隆世居约 100 米。建于嘉庆末或道光初年，由坑梓黄氏六世祖黄奇义创建。黄奇义为长隆世居的创建者黄廷元之次子。据坑梓《黄氏族谱》记载，振宗是在长隆定居后，逐步向北发展，道光初年，五世祖黄廷元的二儿子黄奇义离开长隆，在长隆以北开辟"青排村"定居，并建青排世居。建村始祖黄奇义，承祖经济，创业经商也成巨富。那时，村民主要以"农耕加经商"为致富途径。建村伊始，黄奇义一族只是做一些小买卖，后把店铺开到淡水墟，逐渐在墟市买商铺，淡水墟杂货 60% 的店面都为他所有。青排世居是坑梓黄氏宗族鼎盛时期的产物，比省级文物保护单位龙田世居还早十几年修建。该围建筑为双三堂布局，十分独特，朝向南偏西 10°，通面阔 121 米，进深约 66 米，占地面积 7986 平方米，三合土加石块夯筑而成。整体建筑依地势前低后高。正面无正门，而在其左、右各开一门。两门之间紧贴围屋开半月池，池宽 60 余米，最大垂直距离为 26 米。围内东、西两侧各有三堂式祠堂一座，其间有三排屋相连。西边黄氏祠堂正对西门，其前堂后出廊，檩下穿枋雕刻花卉，间刻"五福临门"；中堂前后出廊，原穿斗式木构架被拆，改用砖墙。东边黄氏祠堂与东门相错开（稍偏东），前堂后出廊，两檩下穿枋高浮雕花卉，间刻"克昌厥俊""长发其祥"；中堂前后出廊，檩下穿枋高浮雕花卉，间刻"元吉其旋""吉庆盈门"。四周均为两层式围楼，现前存四个角楼，后存两个角楼，各角楼均辟瞭望孔和枪眼。祠堂建筑较横屋和围屋规格高，装饰华丽，其余建筑朴实无华。排水系统纵横交错，很有特色。

▲

青排世居位于坑梓街道金沙村，因其后有青排岭而得名。

锦堂村位于坑梓街道，建于 1888 年，此围屋中堂门上的匾额已经不见了。这座围屋虽小，但角楼等外部架构保存得比较完好，只是旁边的高楼已经建成，围屋将来会被蚕食。

荣田世居位于坑梓街道金沙社区荣田自然村。据坑梓黄姓族谱记载，十八世祖俊明（耀青公），大房六世祖奇仁公的孙子，中武举之臣，清光绪三十四年（1908）建立"荣田世居"。朝向北偏西 35°，面阔 73 米，进深 81 米，占地面积 5913 平方米，建筑均用三合土夯筑而成。

秀岭世居位于坑梓街道新秀村，建于清代乾隆五十九年（1794）左右，由黄氏四世祖瑞钟公创置。从月池对面看过去，秀岭世居的大概布局还是可以看出来。和其他的围屋一样，又是三堂四横的格局，左、中、右三个门可以进出围屋，但两侧的角楼已经不见踪影，从围屋的格局和前坪、月池的面积来推测，此围屋规模不小，建造之初应该有角楼，可能是后期被拆除了。中堂前门上悬挂或者雕刻着"秀岭世居"的匾额，从其中堂前门进去，可以看到围屋的第二横，其形制和其他围屋有点不同，在第二横建筑上没有房间，只看到一个中门。第三横的厅堂仅仅用来存放部分桌椅，厅堂两侧的木雕虽然不是非常精美，但在围屋中也不经常出现，可见此围屋不是一般的小型围屋。木雕的内容是龙、凤、鱼、蝠，屋主的美好愿望不言而喻。再次穿过厅堂来到第四横，也到了围屋最后一横，这里是最重要的供奉祖先的地方。横梁上面雕刻精美的图案，有动物，有花，惟妙惟肖。大家发现木梁雕了许多老鼠，象征多子多孙，子鼠是十二生肖的第一位，又代表丰收，因为谷多老鼠才会多。

秀山世居位于坑梓街道秀新村，乾隆五十九年（1794）前后，坑梓黄氏六世祖维球、维珍、维琏、维瑾四兄弟，在父亲所修祠堂的基础上，修筑秀山世居。相传，父母去世后，黄维球带领三个弟弟贩运农产品。三个弟弟负责收购，黄维球自己负责雇船，将货物运往惠州、龙岗等地销售，再把惠阳的干猪粪和石灰贩运回坑梓卖掉。如果农民没钱购肥料，可先赊着，秋后以谷抵债。维球兄弟手里有了钱，又开始买谷花。当有人来借债时，他们就在水稻扬花时节到田头察看借债人谷花长势，预测其收成的好坏而做出是否借贷、借贷数额决定。维球兄弟就这样富裕起来，"家里的碎银都要用缸盛"，成了远近闻名的大地主兼商人。

秀山世居的"院墙如城墙"，像一座城堡，《坑梓黄氏族谱》称"秀山楼"，当地人称"城肚"，意即城墙之内。由于家族人多，只能一部分人住在秀山世居的围堡内，一部分人住在围堡外。1966年，秀新设立大队时，秀山（城肚）被拆分为两个生产队——以秀山世居的围墙为界，围墙之内称城内，围墙之外称城外。

从月池对面看过去，原来的围屋现在无从追寻，只能看到一点点残垣断壁，还能感受到一点点院墙厚重高耸的气势。秀山世居就只剩下右侧前门和门前月池了。

回龙世居位于坑梓街道金沙行政村的新横村，建于清道光二十八年（1848），占地面积约4000平方米，前有禾坪及半月池。月池有"养人蓄财"的寓意，并非客家人首创，它是中原文化的一种传承，坑梓后人则将它作为围屋的固定建筑制式。整个围屋为夯土墙，土木结构，灰瓦顶，船形屋脊，是一座典型的清代客家四角楼围屋。在月池边立有旗杆石，这是黄俊明于咸丰八年（1858）中武举人后所立，也叫举人石。回龙世居利用丘陵的自然走势建造，前低后高，坐北面南。原来后边是一大片松林，居高临下，俯视着"回龙"，东西两边也是大片树林。绿荫覆盖的"回龙"，面对着几十亩开阔的良田、鱼池，再远处，对面岭恰好成为一道屏障。黄俊明还在围屋左侧加盖了一所建筑精良的三间两廊私塾。这种巧妙利用山势、树林、良田、美池的环境构想，为回龙世居族人提供了一个理想的耕读空间，诚如大门藏头联所云："回抱春山秀，龙蟠吉第高"。

　　清代以后，黄氏宗族在坑梓镇的发展，从早期以家族为单元的集中式大型围屋向后期以家庭为单元的分散式单座建筑过渡，可以看出宗族社会逐渐瓦解，家族经济体制发生演变，而建筑也随之分化。

曾氏客家村落

　　清康熙四十三年（1704），曾简辉、曾简良两兄弟从今五华县迁徙到坪山龙背村开基立村。刚到坪山之初，他们筚路蓝缕，先在赤坳烧木炭为生，频遭虎狼之患，其弟简良为虎所噬，仅剩一腿，无嗣。曾简辉节衣缩食，积聚钱财，购田地，开商铺，致富后多次往返五华，将五副先人遗骸搬来坪山，择吉地安葬。曾简辉生三子：长子元庆、次子元文、幼子元恭。元庆、元文留在虎背村，元恭迁至坪山三洋湖村。元恭生四子：长子仁周，迁至坪山石灰陂下屋；次子传周，迁至现大万世居；三子佩周，迁至坪山石灰陂上屋；四子信周，留居三洋湖村。至今，曾简辉的后裔散居在坪山八个村。

　　辉公宗祠位于三洋湖社区龙背村，是纪念坪山曾氏开基祖曾简辉的祠堂。

　　石灰陂曾氏围屋位于坪山区东纵路232号，占地3000平方米，是华南抗日名将、东江纵队司令员曾生的祖宅。大门门楣镶嵌半月形白色大理石，上刻"石灰陂"三个字，为曾生将军于20世纪80年代题写。当年，此地确有几个烧石灰的窑，陂意为池畔坡地。石灰窑旁有一个石塘，石塘上面有一座小桥，名叫"石桥下"，是坪山东片各村村民赶墟必经之桥。清朝末年，从惠州运猪屎来卖的木船还可以上到"石桥下"。广州沦陷后，广东省政府搬到韶关。火水（煤油）、棉纱及药品等物资从香港运至沙鱼涌、溪涌后，再雇人挑到坪山谭公庙，然后再由河运经惠州上至老隆（龙川县城），再用汽车及人力车、挑掮等运至韶关。河运用木船、竹排，那时住在石灰陂的外来挑夫有好几十人，石灰陂村不少妇女为了糊口也去挑掮。

抗日战争时期，石灰陂村人口仅有 104 人，就有 22 人参加东江纵队和粤赣湘边纵队。曾生原名曾振声，出生于 1910 年，其父曾庭杰是澳大利亚华侨。曾生 1928 年毕业于澳大利亚商学院，1933 年毕业于广州中山大学附中，直升中山大学教育系，参加了共产党外围组织中国青年同盟，曾任广州学生抗日联合会主席。1938 年底，曾生从香港带领数十名共产党员、青年工人和学生，回到坪山组建惠宝人民抗日游击总队。曾生组建游击队时没有武器军饷，便与族人商议，把三兴堂当时仅有的 5 支土枪、2 门土炮以及 6 个疍（喜庆时用火药装上，点燃做礼炮用）拿来充当武器。曾生唯一像样的武器是父亲生前从澳大利亚带回来的一支左轮手枪。部队壮大以后，伤病员渐多，缺药少医。部队办起了平民医院，曾生的侄女曾平曾在此医院工作，任院长易焕兰（兰姐）的助理。平民医院除给部队伤病员疗伤外，也给平民百姓看病。当时，平民医院因向邻村药商陈德辉赊药，时间长了无力偿还，曾生只得把家中最后三块良田（约 3.5 亩）卖给陈德辉。曾生的父亲在海外积攒钱财买回的十几亩田，曾生此前在香港组织海员工运及创办游击队时已卖掉大半。据说，他

▶

大万世居平面近方形，以
宗祠为中心对称布局，师
承"前后三坐落，左右两
护厝"的典型客家民居布
局形式，宗祠由三重大殿
组成，呈三进两井结构，
雕梁画栋，牌匾楹联点缀
其间，反映了各个时期的
社会文化特点和客家人的
流转变迁，极具历史艺术
价值。

做母亲钟玉珍工作时曾说："没国哪有家啊！"而母亲为此哭了三天三夜。平民医院办在石灰陂知新书室，即今东江纵队纪念馆前面的《前进报》社旧址。《前进报》最初是在三兴堂宗祠内的观音娘娘室印刷的。

石灰陂村曾氏祠堂名"三兴堂"。"三兴"有两重意思：一为"三省"，谕示曾参"吾日三省吾身"之教义；二为坪山开基祖曾简辉育有三子，祈望三子皆兴旺发达。其三子之玄孙分衍出远来、永贞、仁和（鹤湖浪曾屋）三个自然村，除仁和外，"三兴堂"为曾氏开基祖建围时所设。石灰陂围屋始建于清乾隆二十三年（1758），至今已有260年历史，其祠堂上厅神龛不设祖先牌位，仅在地下设龙神位，神龛上挂先祖画像。

大万世居位于深圳市坪山区坪山街道坪环社区，为曾氏家族于清乾隆五十六年（1791）所建，坐东面西，包括屋前的禾坪、月池在内，占地面积22680平方米，建筑面积约15000平方米。平面近矩形，后围略带弧形，龙厅凸出。前围为倒座，三座大门，正门建成牌坊式楼门，门额阴刻"大万世居"，落款"乾隆五十六年吉旦"。大万世居以三堂的端义公祠为中轴，内围四角二层高的碉楼和望楼形成"宝斗心"，为第一阶段建成；围绕中轴而建的二横屋、内围后的二枕杠屋和外围屋应为第二阶段建成；它们之间有天街相隔、巷道相连，内部院落和巷道结构十分完整、严谨。房舍结构前围（倒座）和后围为单间通廊式，其余为斗廊式单元房。外围筑女儿墙，碉楼、龙厅与女儿墙等高，女儿墙内四周相同，称为"走马楼"。端义公祠的封檐板、梁架木构件雕刻和各种彩绘动物、花鸟图案，木刻刀工细腻、形象生动，为客家民居中难得的木雕精品。尤其是祠中的十余副堂联，文化内涵颇高，反映了客家人追根溯源、敬祖睦宗、忠恕为本、仁爱处世、重教崇文的文化传统。1984年，被列为深圳市重点文物保护单位。2002年，被列为广东省文物保护单位，并成立了大万世居客家民俗文化博物馆。

走进大万世居，镌有"东鲁旧家"四字的匾额映入眼帘。老一辈客家人认为，这里的先祖是曾参，即孔子学说的主要继承人和传播者曾子。

大万世居的形成有一个复杂的过程。据大万旧族谱及口碑资料，一世祖曾传周（1734—1819），字端义。曾端义年轻时靠给人放鸭鹅和推独轮车运石灰过活，日子殷实，但其好赌，好家境没过多久便败落了。曾端义想建房子，但没人敢借债给他，这件事触动了他，于是其便忍痛砍断右手拇指，立誓戒赌，重振旗鼓。后来，端义公在坪山、龙岗、淡水开办油糖厂和许多店铺，成为一个成功的创业者，后在坪山建造围屋。

大万世居主要分两个阶段建造。第一阶段建造"宝斗心"，始建时间约在清代乾隆中期。相传，曾端义财丁两旺，到其86岁寿终前，五代同堂。其后，围屋规模因为家族兴旺而不断发展扩大，在乾隆末年建成外围的建筑群及大墙。"大万世居"落款为"乾隆五十六年立"。

据族谱记载，曾端义敦厚诚实、仗义疏财。乾隆末年，惠州水患，曾端义及其长子曾光斗积极捐纳赈灾，被朝廷分别诰授儒林郎捐职员和捐监生。大万世居建成，其所费人力物力财力非同小可。仅外围墙一例，就需近 5000 立方米泥沙灰石，所用石头重者达数十斤上百斤，这些石头是从几里外的大山陂铜锣潭运来，费时之久，耗资之巨，是难以估量的。《汉书·刘向传》云："营起邑居，功费大万百余。"唐颜师古注疏："大万，亿也；大，巨也。"也许，这是大万世居"大万"溯源的依据。

在世居庭院进大门的右侧，如今还有一口井，取名为龙井。200多年来，龙井的水始终不曾枯竭，见证了大万世居的沧桑。繁盛时期，大万世居曾居住着 100 多户人家，居住人口最多时达到 1000多人，是全国最大的客家围屋之一。

大万世居前有禾坪和月池，后有沙墩陂，蓄水、灌溉、防洪三位一体。围墙 6 米多高，四边合围，周长约 500 米，由三合土夯成，墙顶设走马廊，号称"十阁走马廊"，堪称一绝；又有三层高碉楼分布四周，且枪眼广布，是颇具东方特色的古老城堡。

曾太母傅老太君墓位于坪山街道金茂园大酒店旁，东临燕子岭公园。据曾氏家谱记载，墓主曾太母是大万世居曾氏一世祖曾端义的夫人，生于清雍正十二年（1734），卒于清嘉庆十一年（1806）。曾太母傅老太君墓占地面积约 26 平方米。墓葬现存地面建筑有拜堂、拜台、祭台、墓堂和护墙。青石墓碑上阴刻"皇清显妣诰授六品安人谥淑惠曾太母傅老太君墓"，落款题刻为"道光十一年重修"等字。2006 年 7 月，被列为龙岗区区级文物保护单位。

参考书目

[1] 舒懋官，王崇熙．（嘉庆）新安县志 [M]. 1820.

[2]《宝安文史丛书》编纂委员会编，康熙新安县志校注 [M].
    北京：中国大百科全书出版社，2006.

[3] 深圳市史志办公室．深圳市十九镇简志 [M]. 深圳：海
    天出版社，1996.

[4] 宝安县地方志编纂委员会．宝安县志 [M]. 广州：广东
    人民出版社，1997.

[5] 深圳市文物管理委员会办公室．深圳市文物保护单位概
    览 [M]. 北京：中国科学技术出版社，2008.

[6] 饶小军．族群社会与百年世居——龙岗坑梓镇黄氏宗族
    及村围考察报告 [J]. 建筑学报，2001，（4）.

[7] 刘丽川．深圳客家宗族派衍与传统村落拓展——以龙
    岗坑梓黄氏为例 [J]. 汕头大学学报（人文社会科学
    版），2002，（3）.

· 后记 ·

　　细心的读者一定会注意到，书中为何没有福田区、盐田区，难道说福田区、盐田区没有古村落？刚开始，我们确实将福田区和盐田区编进了章节，但翻遍所有的资料，还真的找不出一个保留下来的古村落。福田区所有的自然村落都已改造成城市的街区，大多数的社区就只有改建的一个祠堂和一座庙。

　　我们所说的古村落一般是指民国以前建村，保留了完整的历史沿革，即建筑环境、建筑风貌、村落选址未有大的变动，具有独特民俗民风，虽经历久远年代，但至今仍为人们服务的村落。

　　近40年来，疾风骤雨般的现代化、城市化进程中，大量的村庄消失了，或者只剩下一个地理名词，深圳也不例外。从地理概念上来说，古村落是构成空间意义上的深圳的基本单位。"岗厦""蔡屋围""皇岗"……这些与我们生活息息相关的地标，本来都是传统村庄的名字。

　　2017年，笔者有幸成为深圳市自然村落历史人文普查审查验收小组成员，翻阅了深圳市各区自然村落普查的材料，对全市古村落的分布和保存情况有了全面而细致的了解。尽管深圳全市原有1025个自然村，其中宝安区（含光明、龙华）301个，龙岗区280个，福田区27个，罗湖区38个，南山区51个，坪山区170个，盐田区37个，大鹏新区121个，然而这些自然村落中大部分现已变为城市街区或城中村，全市 10 个区（新区）有 600 多个城市更新与旧村改造项目在实时进行，众多自然村落将面临拆迁或改造，也就意味着深圳将要或正在失去数量不小的、珍贵的历史文化遗存。

在城市更新工作中，常常表现出不同程度的过度开发和掠夺性开发，结果导致历史遗产及原有生态环境失衡。特别是部分区域在推进更新建设的过程中，片面地将城市更新理解为推倒重建，导致原本一些具有保护价值的历史性建筑因未能划定保护范围而被拆除或改建。

高歌猛进的城市更新步伐，在给深圳发展腾挪城市空间、更新城市形象的同时，也让造富神话不断上演，让一个又一个古村消失在挖掘机的铁臂之下。

习近平总书记多次强调，要"像爱惜自己的生命一样保护好城市历史文化遗产"，"让文物活起来"，指出要切实加大文物保护力度，推进文物合理适度利用，使文物保护成果更多惠及人民群众。因此，深圳保护古村落及其中的文物、历史建筑，归根结底是要让沉寂的文物在百姓生活中"活"起来，让历史遗存保护更好地融入市民生活。惟其如此，才能形成全社会参与文物保护的新格局，才能让古村落很好地"活"下去，让深圳世代传承、焕发出新的光彩。

一个城市没有文化的积淀，就像一个人没有了灵魂，缺乏归属感。当我们在深圳寻找文化时，不妨回到那些古村落里去寻找一些文化基因，将它们培养壮大，变成细胞，最后汇聚成城市的文化躯体。

留下来的古村落越来越少，一个比一个珍贵。

《深圳风物志》编委会

撰　　稿：程　建

总 策 划：南兆旭

项目统筹：黄晓天

策划编辑：林叙真

绘　　图：许佳兴

装帧设计：李尚斌　焦泽亮　王秀玲

项目执行：越众文化传播